PODERES INVISIBLES

PODERES INVISIBLES

NUESTRA RELACIÓN CON EL MUNDO ESPIRITUAL

EVERETT LEADINGHAM, *Redactor*

Casa Nazarena de Publicaciones
Kansas City, Missouri, E.U.A.

Publicado por
Casa Nazarena de Publicaciones
Kansas City, Missouri 64131
Reimpresión, 2008

Originalmente publicado en inglés con el título:
Unseen Powers (Student)
Everett Leadingham, Redactor

Beacon Hill Press of Kansas City
A Division of Nazarene Publishing House
Kansas City, Missouri 64109 USA

ISBN 978-1-56344-549-1

Traductora: Gladys Aparicio
Diseño de cubierta: Isaac R. Abundis

Todas las citas biblicas han sido tomadas de la versión Reina-Valera 1995, excepto donde se indica una versión diferente.

Impreso en los Estados Unidos de América
Printed in USA

Contenido

Al visitar las librerías, nos damos cuenta de que la gente está cada vez más interesada en comprender el aspecto espiritual del mundo y de sus vidas. Algunas personas han descrito la presente generación como una de las culturas más "inclinadas a lo espiritual" en los últimos siglos. Pero, no permita que le engañe la palabra "espiritual". En estos tiempos, la persona que explora el ámbito espiritual no se limita a la espiritualidad religiosa tradicional. Los temas actuales abarcan toda la gama, desde la meditación que se practica en las artes marciales hasta la canalización con el uso de cristales. Tal vez los métodos y las conclusiones de muchos de esos peregrinos "espirituales" estén errados, pero están absolutamente correctos en algo: Todos los humanos poseemos un aspecto distintivamente espiritual, y es esencial que tomemos en cuenta esa dimensión de nuestra vida. El cristiano sabe que esto es verdad por dos razones que están relacionadas. Primero, en la Biblia leemos que "Dios es Espíritu; y los que le adoran, en espíritu y en verdad es necesario que adoren" (Juan 4:24). Y segundo, recordamos las conocidas palabras de Génesis 1:26: "Entonces dijo Dios: Hagamos al hombre a nuestra imagen, conforme a nuestra semejanza". Dios es Espíritu, y hemos sido creados a esa imagen. El concepto de espíritu es parte esencial de lo que Dios es, y de lo que deseaba que fuéramos cuando nos creó. Entonces, ¿cómo descubrimos "nuestro aspecto espiritual"? El punto de partida para iniciar nuestro viaje a los poderes invisibles de este mundo, a las realidades espirituales de la vida, es explorar lo que se quiere decir al hablar del Espíritu de Dios, conocido como el Espíritu Santo.

Capítulo 1

El Espíritu Santo: El anhelo de nuestra alma

Dan Boone

ROBERTO WILEY TIENE UNA NECESIDAD. Si el nombre le parece conocido, es probable que haya visto el video *What About Bob?* (¿Qué pasa con Roberto?). Roberto padece de todas las enfermedades imaginables. Sufre de todas las fobias y complejos. Por culpa de él, su siquiatra decidió abandonar la profesión, y lo refirió al competidor que más le disgustaba, el Dr. Leo Marvin.

El Dr. Marvin es el autor del libro *Baby Steps* (Pequeños pasos). En su primera sesión con Roberto, el Dr. Marvin logra que tome algunos pequeños pasos de acción responsable. Roberto se entusiasma al vislumbrar cierta esperanza, y piensa que el Dr. Marvin es el hacedor de milagros que ha buscado toda su vida. El único problema es que el doctor se irá de vacaciones por un mes, y Roberto tendrá que esperar hasta su regreso para continuar la terapia.

Roberto no es de aquellos que esperan pacientemente. Usando todos los medios posibles, trata de descubrir dónde está pasando sus vacaciones el doctor. Tras varios intentos fallidos, al fin lo logra. Cuando Roberto llega al pintoresco pueblo cerca de un lago, el doctor Marvin está saliendo de una tienda con su familia. Se encuentran cara a cara. El doctor lo reprende severamente y trata de convencerlo para que regrese a su casa en el próximo autobús. Pero, Roberto se queda allí, declarando la palabra clave de la historia: "Necesito, necesito, necesito".

Roberto ha descubierto algo acerca de sí mismo: su alma. El término hebreo *nefesh* aparece 755 veces en el Antiguo Testamento y, por lo general, se traduce como "alma". Sin embargo, se puede traducir también de otras formas que nos permiten conocer su significado más completo.

Puede significar "garganta", el órgano principal para recibir aire y agua; es la parte en nosotros que debe mantenerse abierta, o de lo contrario, morimos; es la que se abre para recibir sustancias que sostienen la vida.

También puede significar "cuello", el área más vulnerable del cuerpo. El actor Christopher Reeve [quien quedó paralizado al caer de un caballo] conoce personalmente lo grave que es una lesión en el cuello. Cuando estamos en peligro, hablamos de "tener la soga al cuello".

La palabra también puede significar "deseo", es decir, cuando queremos algo externo a nosotros. *Nefesh* puede significar: anhelar, esforzarse, tener ganas de, o ansiar.

Estas connotaciones definen el "alma" como necesitada, sedienta, abierta, vulnerable. Cuando Roberto Wiley dice: "Necesito, necesito, necesito", está expresando el alma.

En el Antiguo Testamento se describe el alma como temerosa, desesperada, inquieta, débil, desalentada, cansada, indefensa, afligida, angustiada y ansiosa. Todo esto se encuentra en el ser cuya creación se relata en Génesis 2:7: "Entonces Jehová Dios formó al hombre del polvo de la tierra, sopló en su nariz aliento de vida y fue el hombre un ser [*nefesh*, alma] viviente".

El ser humano: sed viva, garganta abierta, cuello vulnerable, deseo profundo, y necesidad.

Si esta es una definición de la humanidad, ¿quién es Dios? Y, ¿cómo experimentamos a Dios? Génesis 2:7 responde esa pregunta con otra palabra hebrea: *ruach*. "Jehová Dios formó al hombre del polvo de la tierra, sopló en su nariz aliento [*ruach*] de vida y fue el hombre un ser viviente [*nefesh*]".

Cuando Dios sopla o da aliento, empieza la creación. ¿Pensó usted alguna vez que Dios "sopla"? El soplo es dominio de Dios. Viene de El y retorna a El. Nuestra necesidad nos conecta con su soplo. Nacemos con una tráquea abierta que espera algo externo para que nos reanime. El soplo de Dios coincide con nuestra tráquea. La palabra hebrea que se refiere al Espíritu de Dios, *ruach*, se pronuncia *rú-ac*. El *ac* debe pronunciarse como si se estuviera aclarando la garganta. Se asemeja al sonido fuerte en el idioma alemán. Se empuja con fuerza el aire por las cuerdas vocales para proyectar el soplo. La palabra que significa "soplo" requiere un fuerte soplo aun para decirla.

Ruach significa movimiento del aire, viento o tormenta. Es el término que se usa al hablar del Espíritu de Dios. El *ruach* de Dios sostiene la vida, da poder a las personas para que realicen actos extraordinarios, trata con el mal, y nos da esperanza para el futuro. Eso es esperar mucho del viento, a menos que ese viento sea santo, *ruach* santo, el Espíritu Santo. Eso es lo que significa el término: espíritu. El Espíritu Santo es el soplo de Dios que se mueve, concede poder, da vida, limpia del mal, promete esperanza y activa el corazón. El Espíritu de Dios (*ruach*) y la necesidad de los humanos (*nefesh*) tienen que unirse. Pero, ¿cómo experimentamos a Dios como Espíritu?

El Espíritu de Dios sostiene la vida

En el Antiguo Testamento, nuestro amigo Job, sintiendo la necesidad de recordarle a Dios este hecho, hizo algunas declaraciones especiales acerca del aliento o soplo divino: "Acuérdate de que mi vida es un soplo" (7:7). "[Dios] no me concede que tome aliento" (9:18) (que muy bien podría interpretarse como: "Dios, ¡estás parado sobre mi tráquea!"). Y, Job prometió continuar dialogando con Dios "todo el tiempo que mi alma esté en mí y que haya hálito de Dios en mis narices" (27:3).

El Espíritu del Dios vivo sostiene la vida creada. Como leemos en Génesis 1:1-2, el Espíritu de Dios se movía sobre el caos sin forma, vacío y en tinieblas. Y, fue El quien puso aliento en el primer humano. Los ídolos no pueden hacerlo. Las estrellas, las piedras y los adivinos no pueden hacerlo. Dios es el Creador y Sustentador de la vida, y El no tiene igual. Los humanos fuimos creados en forma perfecta para recibir el soplo de Dios, y el Espíritu de Dios sustenta nuestra vida.

Job sabía que Dios sostenía su vida. También lo sabían los salmistas, quienes a menudo declararon que la vida es sólo un soplo. El pueblo de Dios vivía consciente de que si El cesaba de darles su aliento, cesaría la vida.

Cuando Jeremías amonestó a la gente por alejarse de Dios para seguir tras ídolos, les recordó que éstos no tienen aliento o espíritu. Son sólo leños, piedra y hierro. No tienen aliento que puedan dar a sus seguidores. ¿Por qué alguien que esté con sus cinco sentidos querría alejarse del Dios viviente, lleno de aliento de vida, para seguir a ídolos que ni siquiera pueden respirar por sí solos?

Realmente el Espíritu del Dios viviente sostiene toda la vida creada.

El Espíritu de Dios da poder a la gente para realizar actos extraordinarios

Cuando el Espíritu de Dios estaba sobre Sansón, éste mató a cientos de filisteos.

José, inspirado por el Espíritu, le reveló al faraón el significado de sus sueños.

Los artesanos edificaron el tabernáculo bajo la influencia del Espíritu de Dios.

Débora llegó a ser una líder militar carismática, que reunió al pueblo para pelear por el poder del Espíritu.

Daniel, bajo la inspiración del Espíritu Santo, le dijo al rey Nabucodonosor lo que éste había soñado cuando estaba en su habitación en el palacio real.

Isaías, Jeremías y Ezequiel profetizaban cuando Dios los inspiraba con su Espíritu.

El Espíritu de Dios venía con poder sobre las personas, las cubría con su protección, descendía sobre ellas, entraba en ellas, las impulsaba. El soplo de Dios les daba poder para realizar hechos extraordinarios. Dios se revela como Aquel que viene a ayudar. El Espíritu de Dios se mueve en favor de aquellos que tienen necesidad. Su poder no tiene igual.

El Espíritu de Dios trata con el mal

La Biblia dice que cuando Dios se indigna, sopla aliento por su nariz. Imaginemos un toro en un día frío, preparándose para atacar. ¿Puede ver el aire caliente que expulsa por la nariz? Tal expresión se usa en el Antiguo Testamento para describir la ira de Dios contra el mal. Es como un soplo caliente y violento que expulsa por la nariz. Otras descripciones igualmente gráficas son: torrente de aguas, torrente de azufre, un viento fuerte que trae una plaga de langostas, un gran viento del lado del desierto, un torbellino que azota a los impíos.

El juicio de Dios se describe como una tormenta violenta que ningún humano puede resistir. Ante el vendaval de Dios, somos como paja impulsada por el viento, como una choza de paja ante el huracán, como una canoa en medio del tifón. No tenemos probabilidad alguna de salir ilesos.

El Espíritu de Dios trata con el mal. Cuando nos sentimos apenados por haber hecho algo malo, de seguro Dios está actuando en nosotros. El Espíritu Santo nos ayuda a reconocer que hemos pecado y trae el juicio de Dios sobre el mal.

El Espíritu de Dios nos da esperanza para el futuro

En el Antiguo Testamento, cuando la gente se encontraba en situaciones desesperadas, Dios actuaba para ofrecerles un futuro mejor. El dio su Espíritu a los profetas y éstos anunciaron al Mesías. Así, al fin hubo una buena noticia en un mundo de "malas noticias".

Isaías dijo: "Saldrá una vara del tronco de Isaí; un vástago retoñará de sus raíces y reposará sobre él el espíritu de Jehová: espíritu de sabiduría y de inteligencia, espíritu de consejo y de poder, espíritu de conocimiento y de temor de Jehová" (11:1-2).

Y, en Isaías 61:1-3 se presenta a este Mesías declarando: "El Espíritu de Jehová, el Señor, está sobre mí, porque me ha ungido Jehová. Me ha enviado a predicar buenas noticias a los pobres, a vendar a los quebrantados de corazón, a publicar libertad a los cautivos y a los prisioneros apertura de la cárcel; a proclamar el año de la buena voluntad de Jehová y el día de la venganza del Dios nuestro; a consolar a todos los que están de luto; a ordenar que a los afligidos de Sión se les dé esplendor en lugar de ceniza, aceite de gozo en lugar de luto, manto de alegría en lugar del espíritu angustiado".

La esperanza del pueblo de Dios estaba puesta en un Mesías que recibiría el poder del Espíritu de Dios. Pero, eso no era todo. El Espíritu haría algo *en* ellos. "Esparciré sobre vosotros agua limpia y seréis purificados de todas vuestras impurezas, y de todos vuestros ídolos os limpiaré. Os daré un corazón nuevo y pondré un espíritu nuevo dentro de vosotros. Quitaré de vosotros el corazón de piedra y os daré un corazón de carne. Pondré dentro de vosotros mi espíritu, y haré que andéis en mis estatutos y que guardéis mis preceptos y los pongáis por obra" (Ezequiel 36:25-27).

Su esperanza de tener un futuro se basaba en el Mesías enviado por Dios, quien moraría en el corazón humano como Espíritu. Para comprender la obra del Espíritu Santo hoy, debemos entender que Jesús es nuestro modelo como el Siervo de Dios lleno del Espíritu.

El Espíritu de Dios sostiene la vida, da poder a las personas para que realicen actos extraordinarios, trata con el mal, y nos ofrece un futuro lleno de esperanza. Eso es esperar mucho del viento. A menos que ese viento sea santo, *ruach* santo, el Espíritu Santo.

El Espíritu Santo en el Nuevo Testamento

Al pasar del Antiguo Testamento al Nuevo Testamento, los términos ya no son hebreos sino griegos, pero se mantiene el concepto del Espíritu Santo como Aliento de Dios. Los evangelios proclaman las buenas nuevas de que, en Jesús, Dios ha soplado su aliento. Jesús inicia su ministerio sobre la plataforma de Isaías 61, diciéndoles a los amigos en su ciudad natal que el Espíritu del Señor soberano está sobre El.

Todo lo que hizo Jesús tenía que ver con el Espíritu Santo. El Espíritu descendió sobre El en forma visible durante el bautismo; lo guió al desierto donde fue tentado; lo ungió para predicar las buenas noticias a los pobres, para vendar a los quebrantados de corazón, y para proclamar libertad a los cautivos.

Jesús es el Espíritu de Dios que camina, habla y trae vida. Los evangelios nos relatan que cuando Jesucristo murió en la cruz, respiró por última vez y entregó su espíritu (aliento). Pero, no por mucho tiempo.

Después de su resurrección, "cuando llegó la noche de aquel mismo día, el primero de la semana, estando las puertas cerradas en el lugar donde los discípulos estaban reunidos por miedo de los judíos, llegó Jesús y, puesto en medio, les dijo: '¡Paz a vosotros!' Dicho esto, les mostró las manos y el costado. Y los discípulos se regocijaron viendo al Señor. Entonces Jesús les dijo otra vez: '¡Paz a vosotros! Como me envió el Padre, así también yo os envío'. Y al decir esto, sopló y les dijo: 'Recibid el Espíritu Santo'" (Juan 20:19-22).

En otra ocasión, se describió el don del Espíritu Santo como "un viento recio que soplaba". Dios descendió con poder sobre los discípulos con su Espíritu.

Mientras Jesús preparaba a sus discípulos para que recibieran al Espíritu Santo, se nos invita para que veamos en acción a la Trinidad. Después de decirles que El se iría y que ellos tendrían que continuar la obra que había estado realizando, les habló acerca del Padre, de sí mismo y del Espíritu Santo (el Consolador):

> *Y yo rogaré al Padre y os dará otro Consolador [Ayudador], para que esté con vosotros para siempre: el Espíritu de verdad, al cual el mundo no puede recibir, porque no lo ve ni lo conoce; pero vosotros lo conocéis, porque vive con vosotros y estará en vosotros. No os dejaré huérfanos; volveré a vosotros. Todavía un poco, y el mundo no me verá más, pero vosotros me veréis; porque yo vivo, vosotros también viviréis. En aquel día vosotros conoceréis que yo estoy en mi Padre, y vosotros en mí y yo en vosotros... El que me ama, mi palabra guardará; y mi Padre lo amará, y vendremos a él y haremos morada con él... Pero el Consolador [Ayudador], el Espíritu Santo, a quien el Padre enviará en mi nombre, él os enseñará todas las cosas y os recordará todo lo que yo os he dicho"* (Juan 14:16-20, 23, 26).

La íntima comunión de la Trinidad es innegable. El Padre está en el Hijo; el Hijo está en el Padre. Los dos juntos vendrán y harán morada en el creyente, y serán experimentados como el Espíritu Santo. El Espíritu Santo es el Aliento del Dios Creador, la Presencia de Dios el Cristo resucitado, y el Poder de Dios el Ayudador o Consolador.

Si comprendemos que somos almas necesitadas y gargantas abiertas, entonces el Espíritu Santo es la forma en que experimentamos a Dios cuando viene a nosotros. El se revela como la presencia de Dios que se mueve entre nosotros, nos da poder, nos concede vida, nos limpia del mal, nos promete esperanza y activa nuestro corazón.

Al leer los siguientes capítulos, mi oración es que usted experimente al Espíritu Santo como su vida. Lo imperfecto que ofrece el mundo es insignificante en comparación con el aliento de vida que le ofrece Dios.

Pasajes bíblicos: Génesis 1:1-2; 2:7; Job 7:7; 9:18; 27:3; Isaías 11:1-2; 61:1-3; Ezequiel 36:25-27; Juan 14:16-20, 23, 26; 20:19-22.

El **Dr. Dan Boone** es el pastor de la Iglesia del Nazareno College en Bourbonnais, Illinois, E.U.A.

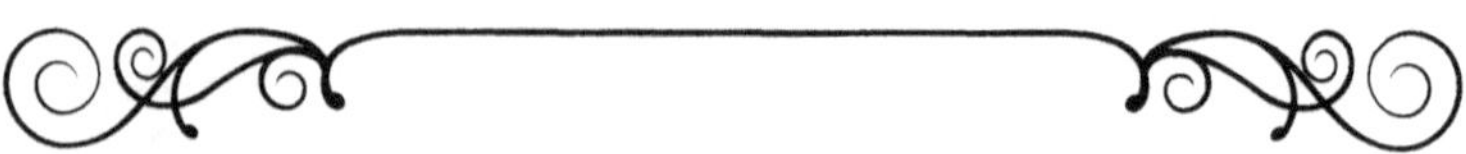

Sabemos que Dios es Espíritu y que ha creado a los seres humanos a su imagen. Pero, ¿qué significa ser "creados a la imagen de Dios"? Es obvio que tenemos cuerpo y mente. ¿Cómo se relacionan estas dos dimensiones con la parte "espiritual"? En estos tiempos de hechos científicos y datos innegables, ¿por qué es importante que hablemos de lo que no podemos ver ni tocar? Respecto a la búsqueda de los aspectos estrictamente espirituales de la vida, alguien ha dicho con arrogancia que ese es un "paseo metafísico a través de la oscuridad, y lo único que encontraremos serán los golpes y heridas que sufren los que vagan errantes sin la ayuda de sus sentidos físicos". En este capítulo descubriremos que la parte espiritual es muy importante en nuestra identidad total como hijos de Dios, y que hay suficiente luz al final del túnel para guiarnos en esa búsqueda.

Capítulo 2

Los humanos: Seres espirituales

Joseph W. Seaborn

UN NIÑO ESTABA VIENDO UN PROGRAMA en la televisión acerca de especies en peligro de extinción. Al terminar el programa, el niño permaneció callado. Cuando la madre le preguntó cuál era la razón de su silencio, él dijo: "Mami, ¿soy yo una especie en peligro de extinción?" Ella respondió: "Por supuesto que no, ¿por qué preguntas eso?" Entonces él dijo: "Porque tú me cuidas mucho. En la TV dijeron que debemos cuidar las especies que están en peligro o se extinguirán. Yo soy sólo uno, y si no me cuidaras, ¡estaría extinto!"

Es imposible leer los primeros tres capítulos de la Biblia sin quedar admirados por el cuidado y amor infinitos de Dios por su creación suprema: el ser humano. En el relato de la creación, dos tercios hablan de los humanos, y el otro tercio trata de lo demás. Esto muestra cuáles son las prioridades de Dios. El creó el resto de la creación para observarlo, pero a los humanos nos creó para conocernos. Y su propósito no era conocernos sólo como humanidad en general; nos creó para que cada uno tuviera un encuentro cara a cara con El. Cada uno de nosotros es importante. Es una creación singular. El niño tenía razón. Cada persona es única y tan valiosa que Dios no quiere que nos alejemos de su cuidado y protección.

Un soplo de aire fresco

Génesis es el primer libro de la Biblia y el que más nos ayuda a comprender de dónde venimos, quiénes somos, y a dónde tenemos que ir. Desde el principio se señaló claramente cuál era el importante papel de los seres humanos en la creación. En Génesis 1:11, Dios ordena: "Produzca la tierra hierba verde". Nueve versículos después dice: "Produzcan las aguas seres vivientes, y aves que vuelen sobre la tierra, en el firmamento de los cielos" (1:20). La siguiente estrofa de esta épica mantiene el ritmo creador: "Produzca la tierra seres vivientes según su especie: bestias, serpientes y animales de la tierra según su especie" (Génesis 1:24). Es como si Dios hubiera encontrado una cadencia. Todo está resultando bien. Su creatividad fluye con cada nueva creación y aumenta su gozo. Todos esperarían que llegue al *crescendo* con las palabras: "Produzca la tierra seres vivientes".

Pero, esas palabras nunca aparecen. El ritmo se rompe con una frase nueva que no señala la tierra, el cielo ni el mar como punto de origen. Aun un niño podría decir que la expresión aquí es diferente: "Entonces dijo Dios: «*Hagamos* al hombre a nuestra imagen, conforme a nuestra semejanza; y tenga potestad sobre los peces del mar, las aves de los cielos y las bestias, sobre toda la tierra y sobre todo animal que se arrastra sobre la tierra». Y creó Dios al hombre a su imagen, a imagen de Dios lo creó; varón y hembra los creó" (Génesis 1:26-27, itálicas añadidas). La frase misma, "hagamos al hombre", indica que nuestro nivel de vida es superior. Dios estaba *feliz* con los peces de diferentes colores, las focas, los leones marinos, las tortugas y los sapos. Pero, cuando llegamos a la sétima estrofa de este himno sobre la creación, vemos que Dios estaba *muy feliz*. Todo lo demás era bueno, pero después de crear la humanidad, dijo que era "bueno en gran manera".

Génesis 2:7 añade dos detalles vitales. Este versículo nos habla de los dos componentes claves del ser humano: el cuerpo, formado de 50 kilogramos de polvo, o más; y el espíritu, soplado directamente del aliento de Dios en el puñado de tierra. La palabra hebrea *neshamah* significa ráfaga o racha de viento. De modo que, Dios sopló una ráfaga de aliento divino en un puñado de tierra sagrada y formó un *nefesh*, o alma viviente. Con este acto simple y único, llegamos a ser seres espirituales.

Cada ser humano es una combinación del polvo de la tierra y el aliento de Dios. Se ha empleado mucha energía mental tratando de determinar si las personas somos cuerpo y alma; o cuerpo, alma y espíritu; u otra combinación. Las primeras dos posiciones se conocen como *dicotomía* (cuerpo y alma) y *tricotomía* (cuerpo, alma y espíritu). El debate sobre cuál es correcta —si alguna lo es— ha creado una serie de acertijos verbales. De hecho, la discusión ha sido enérgica en la iglesia y fuera de ella, presentándose términos bíblicos y seculares con igual vigor. Los principales puntos de vista se pueden resumir en forma simple.

La persona: Una combinación de átomos

Un grupo de griegos se perdieron en los "bosques filosóficos" y llegaron a la conclusión de que la humanidad es tan solo una sabia combinación de átomos. Hombres como Epicuro (341-270 a.C.) y Lucrecio (96-55 a.C.) afirmaron que somos la aventura conjunta de átomos y de los espacios vacíos que circulan alrededor de ellos. Arguyeron que el alma y el espíritu eran únicamente palabras en el espacio, y que no encontraban eco en la realidad. Luego vino Plotino (205-270 d.C.) y trató de dignificar el error con un verso: "No procuréis el rostro de Dios escudriñar / porque la humanidad sólo al hombre debe estudiar". La idea de que los humanos somos únicamente un frasco de átomos ha tenido algunos defensores en los tiempos modernos, pero el sentido común ha hecho que los seguidores sean pocos.

El filósofo David Hume (1711-1776) presentó una variación de este punto de vista. Afirmó que cada uno es un grupo de sensaciones, carente de un verdadero centro espiritual como persona. Según él, muchos animales son superiores a la gente, porque en ellos los sentidos de oído, vista, tacto, gusto u olfato son superiores a los de los humanos.

La persona: Compartimentos separados de cuerpo y espíritu

Platón fue muy apreciado por su idea de que el ser humano es la unión de dos sustancias distintas: el cuerpo, y el espíritu razonador o intelecto. Sostenía que estos dos nunca se unían totalmente, de modo que más tarde el alma podía emigrar a otro cuerpo y ser igualmente feliz, o más feliz, en su nuevo "hotel". Esta enseñanza fomenta otra idea igualmente errónea: la reencarnación de las almas. Platón es famoso por la frase: "El cuerpo es la prisión del alma". Como era característico en el pensamiento griego, tenía un concepto bajo de todo lo que fuera materia, de lo que se pudiera tocar. Según Platón, el espíritu era tan superior al cuerpo que los dos nunca podían ser uno. Su razonamiento afirmaría que el ser humano se compone de dos realidades distintas y separadas, como una bicicleta y la persona que la monta, o como un remero y el bote.

En 1 Corintios 15, Pablo declaró cuál es el punto de vista bíblico: Dios creó tanto el cuerpo como el espíritu, y ambos estarán con nosotros para siempre. El espíritu será redimido y el cuerpo será transformado. Pablo no seguía la filosofía que exaltaba el espíritu y menospreciaba el cuerpo.

La persona: Una sola sustancia

Aristóteles opinaba que el ser humano era una sola sustancia, en la que se combinaba la materia y el espíritu, o lo material y lo inmaterial. Su punto de vista fue extremo, arguyendo que los humanos eran sólo una forma superior a los demás animales del universo. Su creencia no incluía el papel singular de Dios en el proceso de la creación.

Los pequeños errores que se cometen al principio tienen finalmente serias consecuencias. Los tres puntos de vista mencionados incluían suficiente verdad como para parecer creíbles, pero no lo suficiente como para ser bíblicos.

La Biblia no da una respuesta final a la pregunta de si somos una forma unificada de dos o de tres partes. Y, no debemos ser dogmáticos respecto a un tema que la Biblia ha preferido no presentar claramente. Algunos pasajes parecen apoyar una idea o la otra, y varios mencionan más de tres partes. Haciendo una analogía, al mezclar sodio (*Na*) y cloro (*Cl*), se obtiene sal (*NaCl*). La sal no es uno de los dos elementos que se combinan sino un compuesto singular. Si mezclamos hidrógeno (*H*), azufre (*S*) y oxígeno (*O*) en proporciones correctas, obtenemos ácido sulfúrico (H_2SO_4), que ya no son tres elementos sino un nuevo compuesto. Cualquiera que sea el número de elementos que conforman a la persona, podemos tener la certeza de que, excepto en aquellos días cuando "perdemos el control", realmente somos personas creadas a la hermosa imagen de Dios.

La persona: Una mezcla de carne y espíritu

Génesis 2:7 nos enseña que Dios mezcló polvo y su divino aliento, formando una combinación que El llamó "ser viviente" o "alma viviente" (Antigua Versión de Reina, revisada por Valera, 1602). Aquí en Génesis, por lo menos, *alma* se refiere a la combinación como si fuera el todo, y no sólo una de las partes. Puesto que la historia se relata en la forma más simple, es suficiente para nosotros ser tierra y aliento, carne y espíritu, en una fusión profundamente misteriosa.

Tengamos en cuenta que, en muchos casos, la Biblia usa una serie de palabras para referirse a la persona total. Por ejemplo, cuando Jesús pide lealtad completa a su causa, dice: "Amarás al Señor tu Dios con todo tu corazón, con toda tu alma y con toda tu mente" (Mateo 22:37). En el idioma hebreo, el orador o escritor podía usar el enlace de términos para indicar la totalidad. Haríamos lo mismo ahora si dijéramos: "El fuego consumió toda la escuela: las aulas, las oficinas, el gimnasio y los depósitos". El idioma hebreo no tenía un término que expresara totalidad; por tanto, recurría a una breve lista para llegar al todo. Si tomáramos cada elemento por sí solo, pasaríamos por alto el sentido del versículo. Jesús sencillamente quiso decir que amáramos a Dios a plenitud. No es accidente que, en la Biblia, no haya ninguna lista que no incluya la dimensión espiritual como componente clave de la persona total.

El reflejo de la imagen de Dios

Hay dos enseñanzas principales en cuanto a la forma en que nuestras almas llegan a existir. Desde el primer siglo de la iglesia cristiana, se han ofrecido estos dos puntos de vista para tratar de explicar el momento mismo de nuestro origen. El *traducianismo* (derivado de un término latín que significa "llevar a través de") afirma que obtenemos el alma por la unión de nuestros padres. Dios nos ha diseñado de tal forma que, en el acto de la procreación, se crea un nuevo espíritu para dar vigor al cuerpo minúsculo que se forma simultáneamente. El *creacionismo*, por otro lado, enseña que Dios realiza un nuevo acto creador para cada bebé en el momento de la concepción.[1]

Los estantes están llenos de libros con argumentos a favor de cada posición. Los creacionistas afirman que versículos tales como Salmos 33:15; Isaías 57:16; Jeremías 38:16; y Zacarías 12:1, apoyan su punto de vista. Los traducianos se basan en el versículo que dice que Dios reposó de su creación en el séptimo día (Génesis 2:2); arguyen que, desde ese tiempo hasta ahora, Dios mayormente ha permitido que el proceso de nacimiento de plantas, animales y seres humanos —el cual El creó— continúe el proceso de creación. Además, si uno apoya la posición creacionista, los traducianos afirmarían que, cada vez que se concibe una criatura, Dios crea un alma pecaminosa y defectuosa.

Estos argumentos y diferencias a veces parecen ser fútiles. Yo creo que, en la concepción, se permite una vez más que la imagen de Dios resida en la vida humana. Aun siendo tan pequeño, el feto en desarrollo es ya el templo del Dios altísimo (1 Corintios 6:19). Su espíritu ya se ha extendido para recibir el nuevo espíritu que ha producido el acto de procreación ordenado por Dios.

Al nacer esa criatura y al madurar a través de los años, muestra varias características que indican que es distintivamente espiritual.

El anhelo de relacionarse

Nadie empieza como un ser que se ha formado por sí solo y se sostiene por sí solo. En el momento de la concepción, nuestro padre y nuestra madre, y luego nosotros, estuvimos presentes en el acto de cocreación. La trinidad, o tres personas en Dios, se refleja en nuestra trinidad terrenal: un hombre, una mujer y un niño.

Dios es un ser relacional: tres personas en una completa unidad de amor. Así como la trinidad divina, también nosotros somos seres que nos relacionamos. Estamos diseñados para vincularnos y tener compañerismo con otros. La Biblia pide que nos relacionemos en dos direcciones: vertical y horizontal. Muchas personas tratan de entenderse a sí mismas, pero consideran el componente espiritual de su vida como si fuera un apéndice. Esta perspectiva pasa por alto todo un segmento de la realidad. Privarnos de la relación con Dios es negarnos a nosotros mismos. Afirmar esa relación vertical es afirmarnos nosotros mismos. A veces conocemos a personas que se califican de "humanistas". Con eso quieren decir que consideran a los humanos como la medida para todas las cosas. Pero, si los humanos son situados en el centro de la vida, ésta se deshumaniza. Sólo la relación con Dios nos da el potencial de la verdadera humanidad. En ese sentido, el cristiano es el único "humanista" verdadero.

El llamado a la interconexión social se encuentra en la oración sacerdotal de Cristo: "Para que todos sean uno; como tú, Padre, en mí y yo en ti, que también ellos sean uno en nosotros" (Juan 17:21). Nuestras relaciones reflejan la comunidad que existe en la Divinidad. Nos necesitamos el uno al otro para alcanzar la plenitud. Nuestro anhelo de estar en comunión con Dios es uno de los más grandes regalos que El nos ha dado. En nuestro corazón hay un vacío, y éste tiene la forma de Dios.

En el idioma griego hay dos palabras que se usan para referirse a la "persona". Una es *atomon*, que denota a la persona como unidad, orientada a lo interno, autónoma, aislada, un número que se cuenta en el censo. La otra palabra, *prosopon*, se traduce literalmente como "rostro"; se refiere a la persona orientada a lo externo, que busca a otras, que se relaciona y toma parte en la comunidad. *Atomon* significa separación; *prosopon* significa comunión. La señal más cierta de nuestra dimensión espiritual es que estamos más felices y saludables cuando vivimos como *prosopon*, y no como *atomon*.

En nuestro mundo deshumanizado, donde es difícil y a veces extraño mirarnos unos a otros cara a cara, necesitamos reafirmar el valor supremo de la interacción personal directa. Esta conexión de espíritu con espíritu es lo más cercano que podemos experimentar para imitar la trinidad de Dios. En esencia, la santidad es mantener nuestro espíritu cerca al Espíritu de Dios, de modo que, como lo expresó Agustín, nuestra voluntad se pierda en la voluntad de Dios al punto de que no podamos distinguir la diferencia entre ambas.

La oportunidad de escoger

Al reflejar a Dios, tenemos también el privilegio de decidir. Si El lo quisiera, podría enviar a los justos al infierno y a los pecadores al cielo. Dios ha escogido no hacerlo, pero podría. Debido a nuestra semejanza a Dios, tenemos la facultad del libre albedrío. Aunque fuimos creados para ir al cielo, podemos decidir que iremos al infierno. Esperamos que nadie escoja esto, pero el infierno *es* asunto de decisión.

Parte del misterio es el control que tenemos sobre nuestras decisiones. Así como Dios decidió crear a los seres humanos, nosotros podemos decidir adorarlo a El. El proceso mismo de la creación nos otorgó la semejanza a Dios. Esto no significa que El sea tan solo un humano magnificado, o que el humano sea un Dios en miniatura; más bien, quiere decir que Dios es todo lo que son los humanos, e infinitamente más. Toda cualidad esencial que poseemos en nuestra humanidad se encuentra primero en El. Eso incluye el privilegio de ejercer el libre albedrío.

Es asombroso que Dios nos haya dado tanto poder de decisión. Poseemos la increíble capacidad para correr *hacia* El, o correr *de* El.

La capacidad para comunicar

Dios y Adán dialogaban. Incluso después que Adán pecó y perdió la armonía perfecta con el Creador, ellos aún se comunicaban. Cuando Dios le preguntó a Adán dónde estaba, éste trató de esconderse. Dios volvió a preguntarle: "¿Dónde estás?" El hombre respondió: "Oí tu voz en el huerto y tuve miedo, porque estaba desnudo; por eso me escondí" (Génesis 3:9-10). Adán no sólo podía hablar con Dios, sino que percibió en su corazón una repentina falta de armonía con El, la sensación de que se había alejado de su Creador.

Nuestra capacidad para pasar tiempo con Dios y disfrutar de su compañía es lo que nos da valía suprema. Dios no le decía a Adán: "Tienes que hacer otros cuatro delantales de hojas de higuera para mañana por la tarde, o te despediré y crearé otro hombre". Más bien, le decía algo así: "Adán, ven, caminemos por el huerto al aire del día". Lo que le otorgaba valía a Adán no era un ropero lleno de delantales de hojas, sino que caminaba con su Creador. La valía ante Dios se basa en la comunión espiritual con El, y no en nuestra productividad en el mundo que creó. En esta sociedad, dominada por el materialismo, somos tentados a preocuparnos por lo que *hacemos* y no por lo que *somos*. La valía de la persona en esta cultura se basa en los bienes materiales, y no en su cercanía a Dios.

A Dios le complace que trabajemos para El, pero su gozo supremo es que estemos en comunión con El. Si tuviera que decidir, yo siempre escogería tener un diálogo extenso y variado con mi hija de 12 años, antes que verla limpiando su dormitorio. Aunque, si usted pudiera ver el dormitorio de ella...

Un lugar singular en el plan de Dios

No basta decir que los seres humanos, como grupo, somos especiales. Debemos afirmar también que en la humanidad, cada individuo posee una hermosa singularidad. Cada uno es un tesoro invalorable que no se puede hallar en ningún otro lugar. No somos como los chips de memoria de una computadora, que fácilmente se pueden remplazar. Para cada persona, Dios tiene planes que nadie más en el universo puede realizar. La singularidad interna, espiritual, se refleja en el rostro. Cada rostro humano es diferente. Es asombroso lo que Dios ha logrado hacer respecto a los rostros humanos, considerando que sólo tiene unos centímetros cuadrados en los que puede trabajar. ¡Cuánto más puede hacer con las infinitas variaciones en cuanto a memoria, antecedentes, dones y preferencias que se encuentran ocultas en nuestro corazón!

La Biblia dice que nuestro origen fue resultado de una orden específica dada por Dios. Uno de los argumentos más fuertes contra la evolución es que Eva fue formada del costado de Adán, no de una serie de personas que Dios hubiera hecho como muestras para probar el modelo. La familia humana descendió de dos seres humanos. Ni Adán ni Eva fueron productos de la evolución. Su singularidad señala la nuestra.

Para recalcar nuestra singularidad hasta la eternidad, Apocalipsis 2:17 declara que, a cada uno de los vencedores, Jesús dará una "piedrecita blanca", y en ella estará escrito un nombre nuevo que nadie conoce, excepto el que lo recibe. Esto quiere decir que nuestra singularidad espiritual existirá tanto en el tiempo como en la eternidad. De hecho, la mayor parte de nuestra vida no la pasaremos en la tierra.

Al considerar este grupo de ideas, es obvio que la imagen de Dios no es algo que poseemos, sino algo que somos. Dios no hizo a los humanos y luego puso su imagen divina alrededor de los brazos de ellos, como un brazalete con el mensaje de "¿Qué haría Jesús?"[2] Los humanos son la imagen de Dios. En 1 Corintios 11:7 se nos dice que somos la imagen y gloria de Dios. Es un llamamiento más elevado de lo que muchos de nosotros pensamos.

Peregrinos en un proceso

La imagen de Dios en los humanos —aunque tal vez esté contaminada— no puede morir. Por definición, la imagen de Dios es eterna y permanente. En Adán, esa imagen se desfiguró, pero no se borró.

Cualquiera que haya sido el daño que sufrió la humanidad por la caída en el huerto del Edén, no nos convirtió en criaturas carentes de inteligencia y de espíritu. Después que Adán pecó, aún era Adán. Todavía era una persona, capaz de razonar, de tomar decisiones y reflexionar. El pecado no erradicó la imagen de Dios; sólo la dejó defectuosa.

Aunque parezca extraño, si no hubiéramos sido creados a la imagen de Dios, no seríamos pecadores que necesitan la salvación. Para pecar, tenemos que ser capaces de usar el libre albedrío. Esta facultad de decidir es nuestra característica singular como seres espirituales.

Si algo logra este capítulo, es resaltar nuestra semejanza a Dios, y cuán similar es nuestra personalidad a la de El. Por mucho tiempo se ha hecho hincapié en las diferencias que hay entre Dios y nosotros. Para lograr cierto equilibrio, en esta ocasión es apropiado recalcar nuestra cercanía y semejanza a El. Durante las últimas décadas hemos sufrido, no por la intimidad con Dios, sino por pensar en El como un ser totalmente alejado de nosotros. En estos tiempos, muchos consideran a Dios como una energía confusa que está en un remoto cielo nublado. Piensan que es parte de un mundo de fantasía, turbio y distante, envuelto en un enorme misterio.

Tener ese concepto de Dios hace que la oración parezca algo difícil, o peor aún, una comunicación imposible de lograr. Aun en las relaciones terrenales, la frecuencia y duración de la interacción es influenciada por la distancia que debe viajar la comunicación. Sabemos que una llamada telefónica a través de 6,500 kilómetros llega a la misma velocidad que una llamada al otro lado de la ciudad; sin embargo, ¿cuál llamada hacemos más rápidamente? ¿A cuál número telefónico llamamos más a menudo? Aunque no nos preocupe el costo, nos sentimos más cerca de la persona que, físicamente, está más cerca de nosotros.

Marca una gran diferencia saber que Dios no está lejos, en una tierra oscura y misteriosa, sino cerca de nosotros. El Espíritu de Dios no está oculto bajo una bóveda, donde nuestro corazón no lo puede alcanzar. El está a nuestro lado, y su Espíritu está siempre en contacto con el nuestro.

Esto no significa que podemos tratar a Dios con extrema familiaridad. No debe motivarnos a demostrar nuestro "ego", porque el yo entonces le quitaría a Dios el lugar que le pertenece. El rabino Bunam solía decir a sus discípulos: "Todos deben tener dos bolsillos para que recurran a uno o al otro de acuerdo con lo que necesiten. En el bolsillo derecho deben estar las palabras: 'El mundo fue creado por mi causa', y en el izquierdo: 'Soy polvo y cenizas'".[3] Esa es la paradoja humana. Somos una extraña mezcla de gloria y cenizas.

Dios terminó su obra creadora en lo que respecta a los animales. Estos ya no están en el taller divino. Aunque el plan de

Dios sea que los animales sobrevivan y estén en el paraíso con nosotros, no pueden tener vida eterna, porque ésta consiste en conocer al único Dios verdadero y a Jesucristo, a quien El envió a este mundo. Eso sólo puede suceder cuando nuestro espíritu está en relación con el Espíritu de Dios.

En cuanto a nosotros, Dios no ha terminado su obra. El trabajo en los animales está completo, pero Dios recién ha comenzado en nosotros. El continúa tallando y moldeándonos a su imagen. Aún estamos en el taller divino. Puesto que somos espíritu, continúa refinándonos y dándonos madurez. Poseemos la naturaleza humana. Nos damos cuenta de inmediato cuando hemos decepcionado a Dios, pero también tenemos certeza en el corazón cuando nuestro espíritu ha tocado con gozo al Espíritu de Dios. Y, cuando examinamos nuestro espíritu y celebramos su maravillosa capacidad para conocer a Dios en forma directa, podemos decir de nuestro espíritu lo que dijo David acerca de nuestro cuerpo: "Formidables y maravillosas son tus obras" (Salmos 139:14).

---

1. El término "creacionismo" se usa aquí en su contexto histórico, no en referencia a los debates científicos actuales respecto a la formación del mundo.
2. *WWJD = What Would Jesus Do?*
3. Martin Buber, *Tales of the Hasidim, The Early Masters* (Nueva York: Schocken, 1968), 1:282.

Pasajes bíblicos: Génesis 1:11, 20, 24, 26-27; 2:2, 7; 3:9-10; Salmos 33:15; 139:14; Isaías 57:16; Jeremías 38:16; Zacarías 12:1; Mateo 22:37; Juan 17:21; 1 Corintios 6:19; 11:7; 15:35-44.

El **Dr. Joseph Seaborn** es el pastor de la Iglesia Wesleyana College en Marion, Indiana, E.U.A. Es autor de siete libros y de numerosos artículos publicados en revistas. Ha escrito y producido una serie en video de siete partes, titulado *The Genesis Plan for Family Living.* El Dr. Seaborn está casado con la Dra. Mary Seaborn, quien enseña en la Universidad Wesleyana de Indiana. Tienen tres hijos.

En uno de los pasajes más emocionantes e inspiradores de la Biblia, aprendemos que lo que ven nuestros ojos no siempre refleja la realidad. En 2 Reyes 6 leemos que el poderoso rey de Siria estaba en guerra contra Israel. El profeta Eliseo —más poderoso aún— predijo dónde planeaba atacar Siria y advirtió al rey de Israel, dándole tiempo para preparar el plan de defensa. Dominado por la ira, el rey sirio envió un ejército con carros y caballos para apresar al profeta. Cuando el ejército rodeó la casa de Eliseo, su criado exclamó: "¡Ah, señor mío! ¿qué haremos?" (6:15). Sin perder la calma, Eliseo le dijo a su Señor, a Dios mismo: "Te ruego, Jehová, que abras sus ojos" (6:17). Dios le mostró al temeroso siervo una escena por la que los cristianos debemos regocijarnos: "Este vio que el monte estaba lleno de gente de a caballo y de carros de fuego alrededor de Eliseo" (6:17). El comentario del profeta lo dice todo: "Más son los que están con nosotros que los que están con ellos" (6:16). Suponiendo que el ejército celestial de Eliseo estaba compuesto por ángeles, ¿cómo interpretamos este pasaje del Antiguo Testamento? ¿Está el mundo lleno de seres angélicos, de seres que son invisibles para todos —excepto para los que son más sensibles espiritualmente— y que obran en favor del pueblo de Dios? Veamos lo que dice al respecto la Palabra de Dios.

Capítulo 3

Quiénes son los ángeles

Andrew J. Bandstra

LA "NATURALEZA" DE LOS ÁNGELES es un tema que no puede considerarse en forma abstracta, sino en el contexto del trabajo que realizan. Ellos son embajadores en el reino de Dios, que participan en la revelación divina a través de la historia.

Mientras exploramos lo que dice la Biblia acerca de los ángeles, es importante recordar esta imagen de ellos como embajadores del reino divino.

Seres espirituales

En un pasaje en el que se compara y contrasta a los ángeles con el eternal Hijo de Dios, el autor de Hebreos concluye con una pregunta retórica: "¿No son todos espíritus ministradores, enviados para servicio a favor de los que serán herederos de la salvación?" (Hebreos 1:14). Esta pregunta espera una respuesta afirmativa: "Sí, todos los ángeles son espíritus ministradores con esa misión".

Esta es la respuesta: Los ángeles son *espíritus* que *ministran.*

Puesto que son espíritus, es probable que carezcan de forma corpórea y que generalmente no sean visibles a los ojos físicos. Nótese que en Colosenses 1:16, Pablo parece equiparar las cosas "que hay en los cielos" con las "invisibles", que claramente se refieren a los principados y potestades.

En la Biblia, sin embargo, los ángeles con frecuencia adoptan forma corpórea para dar testimonio de la historia divina del evangelio. Veamos algunos ejemplos:

- Abraham vio a tres hombres que estaban cerca de la tienda de él, bajo el encinar de Mamre (Génesis 18:1-2). Después leemos que eran ángeles de Jehová que participaron en la destrucción de Sodoma y Gomorra (Génesis 19:1).
- Cuando Nabucodonosor hizo que arrojaran a Sadrac, Mesac y Abed-nego al horno ardiente, apareció en el fuego una cuarta persona, "semejante a un hijo de los dioses" (Daniel 3:13-27).
- El nacimiento de Jesús fue anunciado a María por el ángel Gabriel, quien se le apareció en forma corpórea en Nazaret, su ciudad (Lucas 1:26-38).
- Según el evangelio de Marcos, las mujeres que entraron en el sepulcro "vieron a un joven sentado al lado derecho, cubierto de una larga ropa blanca" (Marcos 16:5).

Pero, estas apariciones parecen ser sólo temporales y en ocasiones especiales.

Seres creados

La Biblia habla de los ángeles como parte del orden creado. Son seres creados —como nosotros—, a diferencia de Dios, quien es el Creador. En los relatos de la creación, en los primeros tres capítulos de Génesis, no se menciona a los ángeles; por tanto, no se registra *cuándo* fueron creados.

Es necesario recordar que los ángeles fueron *creados*; de lo contrario, los cristianos podrían volverse supersticiosos, atribuyéndoles la gloria que sólo debemos dar a Dios. Si la gente pensara que son los ángeles los que dispensan bendiciones, se postrarían ante ellos para adorarlos.

En el libro del Apocalipsis, a Juan también parece preocuparle que la gente adore a los ángeles (después de todo, desempeñan un rol importante en ese libro). El apóstol dice que, después que el ángel lo comisionó para que escribiera, él [Juan] se postró "a sus pies para adorarlo" (19:10). Pero, el ángel lo reprendió: "¡Mira, no lo hagas! Yo soy consiervo tuyo y de tus hermanos que mantienen el testimonio de Jesús. ¡Adora a Dios!" En Apocalipsis

22:8-9 se relata casi la misma experiencia. No debemos adorar a los ángeles. Unicamente Dios es digno de adoración.

Seres limitados

Las dos primeras características de los ángeles —que son *creados* y son *espíritus*— constituyen las descripciones más importantes y básicas que nos da la Biblia. De ellas se derivan las otras tres características que veremos en este capítulo.

Al examinar la evidencia bíblica, la información respecto a los ángeles no siempre es consecuente. Por ejemplo, estando en Bet-el, Jacob tuvo un sueño en el que vio una escalera que llegaba de la tierra hasta el cielo. Según Génesis 28:12, los ángeles de Dios ascendían y descendían por la escalera. Sin embargo, otros pasajes hablan de ángeles (querubines y serafines) que tienen alas y vuelan (Daniel 9:21; Apocalipsis 14:6). Si los ángeles vuelan, no comprendemos por qué necesitaban escalera. Pero, estas imágenes (la escalera, las alas, volar) concuerdan en algo importante: Todas muestran que los ángeles están limitados en cuanto al espacio; no están presentes en todas partes al mismo tiempo.

Los ángeles tampoco son todopoderosos. Siendo seres creados, operan por autoridad divina: Hacen lo que Dios les ordena. El salmista exhorta: "¡Bendecid a Jehová, vosotros sus ángeles, poderosos en fortaleza, que ejecutáis su palabra obedeciendo a la voz de su precepto!" (Salmos 103:20).

Aunque los ángeles son criaturas celestiales, su conocimiento también es limitado. Respecto a la venida del Hijo del Hombre, Jesús dijo: "Pero de aquel día y de la hora nadie sabe, ni aun los ángeles que están en el cielo, ni el Hijo, sino el Padre" (Marcos 13:32).

Pedro hace una afirmación semejante en 1 Pedro 1:10-12. El apóstol magnifica el conocimiento dado a los profetas respecto a la salvación, la cual se realizó por medio de Jesucristo y se predicó en el evangelio. El discernimiento dado a los profetas era tan grande que sobrepasaba el conocimiento de los ángeles, tal como lo da a entender Pedro al hablar de "cosas en las cuales anhelan mirar los ángeles" (1:12).

Seres santos

El Nuevo Testamento se refiere tres veces a los "santos ángeles" (Mateo 25:31; Lucas 9:26; Apocalipsis 14:10). Es probable que Jesús (en Mateo y Lucas) simplemente estuviera describiendo una característica de los ángeles: Son seres que fueron apartados para servir a Dios. En este caso, la santidad no se refiere tanto a su cualidad moral, sino a que están separados para el servicio a Dios. Los ángeles son criaturas —como lo muestra Salmos 103:20— que ejecutan y obedecen la Palabra de Dios.

Esta referencia a los "santos" ángeles nos permite indicar que estamos tratando sólo de los ángeles "buenos". Según la tradición cristiana, "el diablo y sus ángeles" son ángeles que, por el pecado, cayeron de su posición de exaltación y se convirtieron en ángeles malos. La mejor evidencia bíblica de que el diablo y sus huestes son ángeles caídos, se encuentra en las epístolas de Judas y 2 Pedro. Judas 6 habla de "los ángeles que no guardaron su dignidad, sino que abandonaron su propio hogar". Un versículo paralelo a éste es 2 Pedro 2:4: "Dios no perdonó a los ángeles que pecaron". La evidencia bíblica de que Satanás es un ángel caído no es abrumadora, pero resulta adecuada.

Sin embargo, cuando la Biblia usa el término "ángel" para referirse a uno o más mensajeros que no son terrenales, la mayoría de las veces habla de ángeles "buenos". Nuestro enfoque, pues, está en los ángeles "buenos", no en los "malos".

Seres individuales

De acuerdo con la enseñanza bíblica, los humanos estamos relacionados orgánicamente unos con otros, porque todos descendemos de una persona, como lo indican Hechos 17:26 y Romanos 5:12-21. Además, tenemos relación estrecha con una familia específica porque nacemos de padres humanos, quienes a su vez nacieron de padres humanos, y así sucesivamente.

Entre los ángeles no existe esta relación orgánica. En Marcos 12:25, respondiendo a la pregunta de los saduceos acerca del matrimonio en la resurrección, Jesús dice: "Cuando resuciten de los muertos, ni se casarán ni se darán en casamiento, sino que serán como los ángeles que están en los cielos". Al parecer, la idea fundamental en esta enseñanza es que los ángeles no contraen matrimonio como lo hacen los humanos. No hay "angelitos" que nacen de otros ángeles.

Aunque en el mundo de los ángeles no existe el concepto de "masculino" y "femenino", en la Biblia siempre se habla de ellos como varones. El pronombre personal que se usa es "él", y los ángeles adoptan la apariencia física de hombres cuando deben anunciar la venida del reino de Dios. Es importante recordar que, cualquiera que sea el compromiso que existe entre los ángeles, están comprometidos evidente y totalmente a servir a Dios y a revelar el reino venidero.

Nombres y títulos: Angel

Tanto el término hebreo *mal'akh* como el término griego *angelos*, del cual se deriva la palabra "ángel", significan "mensajero". Estos términos se usaban para referirse al mensajero o al embajador en asuntos humanos, aquel que hablaba o actuaba como representante de quien lo había enviado.

En la Biblia, el término "ángel" a veces describe a mensajeros humanos, pero con más frecuencia se usa para hablar de mensajeros celestiales. Los ángeles son mensajeros de Dios que hablan y actúan como representantes de El.

Nombres y títulos: Querubines y serafines

El término "serafines" proviene del hebreo *serafim*, y el único pasaje bíblico en el que se usa es Isaías 6:1-7. En éste, el profeta relata la visión que tuvo del Señor, alto y sublime, sentado sobre un trono, y las faldas de su manto llenaban el templo. Encima del trono estaban los serafines. Cada uno tenía seis alas: usaban dos para cubrirse el rostro, dos para cubrirse los pies, y dos para volar. Antifonalmente repetían una declaración que anunciaba la santidad del Señor: "¡Santo, santo, santo, Jehová de los ejércitos! ¡Toda la tierra está llena de su gloria!" (6:3). La proclamación fue tan poderosa que estremeció los quicios de las puertas del templo, llenó de humo el templo, y afectó al profeta de manera tal que confesó su pecaminosidad. Luego, uno de los serafines tomó del altar un carbón encendido, tocó con él los labios de Isaías, y declaró que su culpa había sido quitada y limpiado el pecado. En ese momento, los serafines cumplieron una función profética, al proclamar la santidad de Dios, y una función sacerdotal, al purificar al profeta de su inmundicia, pecado y culpa.

El término "querubines" aparece con frecuencia en la Biblia. Se pueden distinguir cuatro formas diferentes pero relacionadas en su uso:

- Después que el pecado separó de Dios a la primera pareja humana, El puso querubines al este del huerto, con una espada encendida que giraba para proteger el camino al árbol de la vida (Génesis 3:24).
- A los querubines, que al parecer son criaturas con dos alas, se les relaciona con los lugares de morada de Dios —el tabernáculo y el templo de Salomón— en dos formas:

  Primero, se mencionan dos querubines con el arca del pacto en el lugar santísimo. En el tabernáculo estaban situados encima del arca, protegiendo el propiciatorio (Exodo 25:17-22). En el templo salomónico eran criaturas más grandes; sus alas se extendían de un lado al otro del lugar santísimo, y el arca del pacto estaba colocado debajo de ellos (1 Reyes 6:23-28; 2 Crónicas 3:10-13). Esta conexión con el arca del pacto hizo que se describiera al Dios de Israel como Aquel que "habitaba entre los querubines" o que "tiene su trono entre los querubines" (1 Samuel 4:4; 2 Samuel 6:2; 2 Reyes 19:15; 1 Crónicas 13:6; Salmos 80:1; 99:1; Isaías 37:16).

  Segundo, se mencionan querubines en relación con las obras de arte en el tabernáculo, específicamente con el velo que separaba el lugar santo del lugar santísimo (Exodo 26:31-35; 2 Crónicas 3:14).
- Se describen querubines en una visión sumamente compleja de Ezequiel. En el capítulo 1 leemos de cuatro seres vivientes. Cada uno tenía cuatro caras (hombre, león,

buey y águila), cuatro alas y una rueda con ojos. En Ezequiel 10 se habla de una visión similar, pero aquí a los seres vivientes se les llama querubines, y se les asocia con la gloria del Señor que abandona el templo.

- Cuando Juan describe su visión de la sala del trono de Dios, no usa el término "querubines", pero los cuatro seres vivientes que él ve alrededor del trono divino se asemejan a los querubines que menciona Ezequiel (véase en especial Apocalipsis 4:6-11). Como en otras partes de su visión, Juan observa imágenes similares a las que se mencionan en el Antiguo Testamento, pero con algunas diferencias particulares. Estos seres vivientes no tienen cuatro caras, sino que cada uno de ellos es como una de las caras de los seres vivientes que vio Ezequiel: uno es como el león, otro es como el buey, el otro es como el águila, y el otro como el hombre. Y, en vez de tener dos o cuatro alas, estas criaturas —como los serafines de Isaías 6— poseen seis alas. Es también significativo que estos seres vivientes, al igual que los serafines de Isaías 6, de día y de noche cantan: "¡Santo, santo, santo es el Señor Dios Todopoderoso, el que era, el que es y el que ha de venir!" (6:8).

Nombres y títulos: Arcángeles

Este término, cuyo significado literal es "ángeles principales", se usa sólo dos veces en la Biblia. En 1 Tesalonicenses 4:16, Pablo dice que la segunda venida del Señor desde el cielo, estará acompañada por tres sonidos poderosos y probablemente relacionados: una voz de mando, la voz de un arcángel, y el llamado de trompeta ordenado por Dios. Y, en Judas 9, se habla de un "arcángel" que, al disputar con el diablo, no presumió con arrogancia acerca de su poder, sino que dijo: "El Señor te reprenda".

Aunque "arcángel" comunica la idea de "ángel principal", no debemos suponer que se pueden distinguir y clasificar los órdenes de ángeles. Los teólogos medievales sostenían que había nueve órdenes de espíritus intermedios (mencionados del nivel superior al inferior): serafines, querubines, tronos, dominios, virtudes, potestades, principados, arcángeles y ángeles. Pero, esto se basaba mayormente en la especulación. La Biblia sólo menciona grupos de ángeles, sin especificar rangos y números.

Quizá este sea el lugar más apropiado para considerar a los dos ángeles que se mencionan por nombre: Miguel y Gabriel. En Exodo 23:21, Dios le dijo a Israel que enviaría un ángel para que fuera con ellos en su viaje a la tierra prometida, y que debían obedecerle "pues mi nombre está en él". Reflejando esa verdad, la terminación *"El"* en cada nombre es el nombre de Dios en hebreo. Lo vemos en Migu*el* y en Gabri*el* (en otras obras de la literatura judía: Rafa*el*, Uri*el*, Sari*el*, etc.). Miguel probablemente signifique "¿Quién es como Dios?", y Gabriel significa "hombre de Dios" o "Dios es fuerte" (Rafael quiere decir "Dios ha sanado", y Uriel quizá signifique "Dios es luz").

A Miguel se le llama arcángel en Judas 9. Allí se resalta su modestia y control propio (lo opuesto a los líderes que tiranizaban la iglesia a la cual estaba escribiendo Judas). A Miguel se le menciona en el libro de Daniel, donde vemos que tenía la misión especial de defender a Israel contra el ángel rival que ayudaba a los persas (10:13, 20). En Daniel 12:1, él dirige a las huestes celestiales contra las fuerzas sobrenaturales del mal en la última gran batalla. Este tema de Daniel 12:1 se trata en Apocalipsis 12:7-12, donde se describe el inicio de la batalla entre Miguel y sus ángeles contra el dragón (identificado también como "la serpiente antigua... Diablo y Satanás") y sus ángeles.

En el libro de Daniel también se menciona a Gabriel, pero principalmente como mensajero celestial (que se presenta con apariencia de hombre —Daniel 8:16; 9:21). El vino para interpretar una visión acerca del futuro, y para dar "sabiduría y entendimiento" a Daniel (8:16; 9:22). En el Nuevo Testamento, se menciona a Gabriel únicamente en el relato del nacimiento de Jesús, en Lucas 1. Aquí también es un mensajero celestial que da una buena noticia y revela el futuro.

Conclusión

Los ángeles son seres espirituales creados, cuyo poder es limitado. Ahora que sabemos quiénes son los ángeles, en el siguiente capítulo veremos cómo sirven a Dios como sus mensajeros.

Pasajes bíblicos: Génesis 3:24; 18:1-2; 28:12; Exodo 23:21; 25:17-22; 26:31-35; 1 Samuel 4:4; 2 Samuel 6:2; 1 Reyes 6:23-28; 2 Reyes 19:15; 1 Crónicas 13:6; 2 Crónicas 3:10-14; Ezequiel 1; 10; Salmos 80:1; 99:1; 103:20; Isaías 6:1-7; 14:12; 37:16; Daniel 8:16-17; 9:21-22; 10:13, 20; 12:1; Mateo 25:31; 28:2-7; Marcos 12:25; 13:32; 16:5; Lucas 1:11-20, 26-37; 9:26; Hechos 17:26; Romanos 5:12-21; Colosenses 1:16; Hebreos 1:14; 1 Tesalonicenses 4:16; 1 Pedro 1:10-12; 2 Pedro 2:4; Judas 6, 9; Apocalipsis 4:6-11; 12:7-12; 14:6-10; 19:10; 22:8-9.

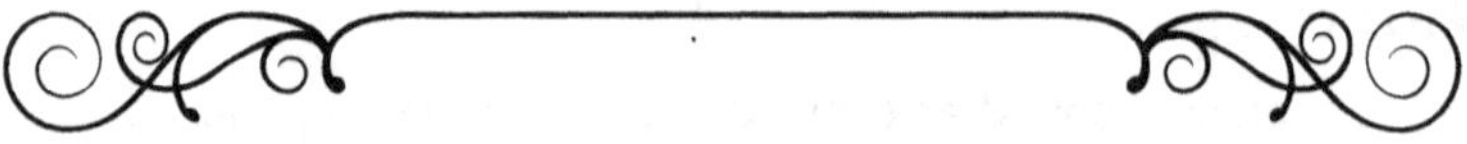

Hace un tiempo me encontraba en un restaurante, comiendo tranquilamente mi panecillo matutino. En el compartimento del lado dialogaban dos mujeres. La altura del tabique no me permitía verlas, pero escuchaba cada palabra que decían. Sin esforzarme, pude seguir su interesante diálogo: "¿Sabías que todos tenemos un ángel de la guarda personal?"

"No, no lo sabía".

"El ángel de la guarda de cada persona es alguien que ella conoció cuando vivía; por ejemplo, un amigo o un pariente que murió".

"¿Quieres decir que mi ángel de la guarda podría ser mi abuelita que falleció hace poco?"

"Sí, es posible".

¿Cuál es la verdad en cuanto a los ángeles? Las ideas seculares populares afirman que los ángeles actúan en nuestra vida, pero, ¿qué nos dice la Biblia al respecto?

CAPÍTULO 4

Los mensajeros de Dios

Andrew J. Bandstra

EN EL CAPÍTULO ANTERIOR aprendimos un poco acerca de la naturaleza de los ángeles. Nos corresponde ahora tratar de las funciones y el ministerio que realizan.

Representantes terrenales

Al pensar en los ángeles como mensajeros, a veces se tiene la idea de que no son importantes. "Son sólo mensajeros", decimos, como si se tratara de los empleados de menos paga en una empresa, cuya responsabilidad es llevar mensajes escritos u orales de una persona a otra.

Un rápido estudio de cómo se usa en el Antiguo Testamento la palabra hebrea para "mensajero" (*mal'akh*), debe eliminar la tendencia a considerar con ligereza este término. Obviamente se refiere a una persona responsable, como un embajador que representa con palabras y hechos a quien lo envió. Este sentido especial, como "enviado", expresa muy bien la primera vez que se usa el término en un pasaje, para designar tanto a los mensajeros celestiales (ángeles) de Dios, como a los mensajeros terrenales que Jacob envió para ganarse el favor de Esaú (Génesis 32:1-3).

Otros ejemplos resaltan el cargo de responsabilidad de los mensajeros terrenales: Estos a menudo representan a un rey, como a Saúl en 1 Samuel 16:19. Al profeta se le llama a veces "enviado de Jehová" (Hageo 1:13), o el mensajero que preparará el camino delante de Jehová (Malaquías 3:1). En dos ocasiones se usa el término hebreo para mensajero en referencia al sacerdote (Malaquías 2:7; Eclesiastés 5:6).

Por tanto, un mensajero humano (*mal'akh*) era aquel que representaba responsablemente al que lo enviaba; lo mismo hacían los ángeles como mensajeros de Dios. En el Nuevo Testamento, el término *angelos* sólo se refiere seis veces a un mensajero terrenal. Tres veces se usa para declarar que el anuncio de Malaquías 3:1 se cumplió con Juan el Bautista (Mateo 11:10; Marcos 1:2; Lucas 7:27). Una vez se usa en referencia a los mensajeros que Juan el Bautista envió a dialogar con Jesús (Lucas 7:24), y una vez al hablar de los mensajeros que envió Jesús para que le prepararan el camino a Jerusalén (Lucas 9:52). En Santiago 2:25, la palabra griega para "mensajeros" ("espías" en la *NVI*) se refiere a los hombres que Rahab escondió por fe. En las otras 169 ocasiones en que se usa *angelos* en el Nuevo Testamento, se refiere a un mensajero celestial o "ángel".

Al igual que los mensajeros humanos, los ángeles nunca hablan o actúan por sí solos. Lo hacen únicamente en nombre de Dios.

Quizá en la Biblia no haya otro pasaje más claro que Exodo 23:20-22 para mostrar la relación cercana entre un ángel y Aquel que lo envía. Dios dice: "Yo envío mi ángel delante de ti, para que te guarde en el camino y te introduzca en el lugar que yo he preparado. Compórtate delante de él y oye su voz... [haz] todo lo que yo te diga". Dios da a entender que, al escuchar atentamente lo que dijera el *ángel*, Israel haría lo que dijera *Dios*. Cualquiera que sea el grado de originalidad e imaginación que poseen los ángeles, no utilizan esos dones para hacer sus propias declaraciones, sino para expresar, tan eficazmente como les sea posible, lo que Dios quiere que digan y hagan.

Esto nos conduce a otra función importante que cumplen los ángeles, una que nos interesa en especial a los humanos. ¿Nos protegen los ángeles de Dios?

Guardas de los creyentes

Muchas madres que tienen hijos pequeños creen que existen ángeles de la guarda. Hablé con una madre que vivía en una calle de mucho tráfico. A sus hijos no les permitía cruzar la calle a menos que estuvieran acompañados por un adulto. Una tarde, ella dejó a su hijo de tres años de edad —a quien llamaremos "Pablo"— con su papá y salió a caminar. Ya había cruzado la calle pero aún estaba cerca de la casa, cuando escuchó detrás de ella el sonido de un triciclo por la acera. Era Pablito, que sonreía muy alegre. Evidentemente había escapado de la vigilancia de su papá y había cruzado la peligrosa calle.

Procurando que su voz no revelara el terror que sentía en ese momento, ella preguntó: "Pablo, ¿cómo cruzaste la calle?"

"Fue fácil", respondió sonriente el niño, "sólo cerré los ojos y oré que los ángeles me protegieran".

Tanto Pablo como su mamá estaban seguros de que eso, en efecto, habían hecho los ángeles.

Una enseñanza bíblica clara

Cuando hablo en alguna iglesia acerca de los ángeles, a veces recito de memoria Salmos 91:11-12, sin indicar la referencia bíblica: "Pues a sus ángeles mandará acerca de ti, que te guarden en todos tus caminos. En las manos te llevarán para que tu pie no tropiece en piedra". Si después pregunto: "¿Quién dijo esas palabras?", por lo general la primera respuesta que me dan es "el diablo" o "Satanás".

Por supuesto, esa respuesta es correcta. El diablo citó (¿o usó mal?) esas palabras al tentar a Jesús para que se lanzara desde el pináculo del templo (Mateo 4:6; Lucas 4:10-11). Este episodio da lugar a la conocida afirmación: "Aun el diablo sabe citar la Biblia".

Sin embargo, debemos recordar que la primera persona que hizo tal declaración fue un creyente, en Salmos 91, y que este pasaje se ha convertido en el apoyo bíblico clásico para la creencia en los ángeles de la guarda. Estas palabras respecto al cuidado de Dios por medio de ángeles —como indica la palabra "pues" en el versículo 11— apoyan las afirmaciones de Salmos 91:9-10: "Porque has puesto a Jehová, que es mi esperanza, al Altísimo por tu habitación, no te sobrevendrá mal ni plaga tocará tu morada".

El salmo declara: "A sus ángeles mandará acerca de ti" (91:11). Por tanto, Dios usa ángeles para proteger de daños y desastres al creyente. El nos cuida *por medio de* ellos.

El salmo 91 no es el único pasaje que enseña esto. Salmos 34:7 dice: "El ángel de Jehová acampa alrededor de los que lo temen y los defiende". En los primeros libros del Antiguo Testamento —desde Génesis hasta Jueces— con frecuencia se menciona al "ángel de Jehová" que protegía al pueblo de Dios. Exodo 23:20 dice: "Yo envío mi ángel delante de ti, para que te guarde en el camino y te introduzca en el lugar que yo he preparado". Dos "varones" o "ángeles" salvaron de Sodoma y Gomorra a Lot y a su familia (Génesis 19:1-22). El "ángel de Jehová" protegió a Isaac cuando Dios puso a prueba a Abraham (Génesis 22:9-18). Los ángeles de Dios le salieron al encuentro a Jacob cuando éste iba a reunirse con Esaú, y le proporcionaron la seguridad que necesitaba cuando confesó: "Campamento de Dios es este" (Génesis 32:1-2).

No podemos pasar por alto el relato que se encuentra en 2 Reyes 6:8-23. Cuando el criado de Eliseo despertó y vio el ejército sirio con sus carros y caballos, tuvo temor. "¡Ah, señor mío! ¿qué haremos?", le preguntó a Eliseo (6:15). El profeta respondió: "No tengas miedo, porque más son los que están con nosotros que los que están con ellos" (6:16). "Jehová abrió entonces los ojos del criado, y este vio que el monte estaba lleno de gente de a caballo y de carros de fuego alrededor de Eliseo" (6:17). El propósito de esta verdad era brindar seguridad y consuelo al pueblo de Dios.

El Nuevo Testamento también presenta numerosos ejemplos de ángeles de la guarda. Después que Jesús fue tentado en el desierto, "estaba con las fieras, y los ángeles lo servían" (Marcos 1:13). Durante el arresto de Jesús, Pedro, tratando de proteger a su Maestro, sacó la espada y le cortó la oreja al siervo del sumo sacerdote. Jesús le ordenó que guardara la espada y dijo: "¿Acaso piensas que no puedo ahora orar a mi Padre, y que él no me daría más de doce legiones de ángeles?" (Mateo 26:53).

Jesús sabía que los ángeles de Dios estaban disponibles, no sólo para protegerlo y darle seguridad a El, sino también a los pequeños de Dios: "Mirad que no menospreciéis a uno de estos pequeños, porque os digo que sus ángeles en los cielos ven siempre el rostro de mi Padre que está en los cielos" (Lucas 18:10).

Una pregunta difícil

Al llegar a este punto cuando doy una conferencia acerca de los ángeles, algunos oyentes plantean una objeción. Aceptan que la Biblia enseña claramente que hay ángeles de la guarda, pero se preguntan: ¿Qué sucede con los cristianos que no se salvan de daños o desastres? ¿Dónde estaban sus ángeles? ¿Tienen éstos días de descanso?

La pregunta central es: ¿Por qué algunas personas se salvan de peligros y heridas, y otras no, y qué relación tiene esto con la función que cumplen los ángeles como protectores?

Por un lado, esa pregunta es fácil de responder, y por otro lado, es difícil. Lo fácil tiene que ver con la función de los ángeles de la guarda. En Salmos 91:11-12 vimos que los ángeles nunca actúan por sí solos. Dios es quien les da órdenes respecto a los creyentes. Los angeles, incluyendo a los de la guarda, sólo hacen lo que les indica Dios. Por tanto, cuando preguntamos por qué un "pequeño" del reino no fue protegido de sufrir daño, en última instancia estamos cuestionando la voluntad de Dios.

Antes de hacer preguntas acerca de la voluntad de Dios, examinemos una objeción frecuente a la respuesta que acabo de dar. En este estudio he sostenido que los ángeles nunca hacen algo por sí solos; únicamente hacen la voluntad de Dios. Salmos 91:11-12 y otros pasajes bíblicos apoyan esta idea.

Muchas personas no aceptan la afirmación de que los ángeles nunca actúan de modo independiente. Quizá se basen en el modelo empresarial de estos tiempos. Se imaginan a un director ejecutivo superior (Dios), quien da a los gerentes de departamentos (los ángeles) un alto grado de libertad para tomar decisiones, siempre y cuando ellos (los gerentes de departamentos o ángeles) realicen un buen trabajo.

O, tal vez a algunas personas les desagrade la enseñanza bíblica, porque piensan que la obediencia total es algo aburrido: que convierte a los ángeles en un tipo de robots celestiales, sin permitirles ninguna participación creativa. Quizá olviden que, en el nuevo cielo y en la nueva tierra, los salvos nunca más harán el mal. Sólo podrán hacer siempre la voluntad de Dios, tal como los ángeles.

En lo personal, no considero aburrida esa posibilidad, y no creo que los ángeles la consideren así tampoco.

Sin embargo, volvamos a la pregunta: Si todo ocurre conforme a la perfecta voluntad de Dios, ¿por qué algunos creyentes se salvan de desastres y otros no? La pregunta es válida, ya sea que Dios actúe directamente o por medio de ángeles. Pero, es difícil hallar la respuesta aquí en la tierra. Con frecuencia suceden accidentes trágicos en la vida de creyentes o de sus hijos, y preguntamos a Dios: ¿Por qué? ¿Por qué? ¿Por qué?

No conozco ninguna respuesta fácil. Pero, sé que para los cristianos, lo central en nuestra fe es la cruz de Jesús: una cruz de sufrimiento y aun de vergüenza. Dios no impidió que ese sufrimiento recayera sobre Aquel de quien dijo: "Este es mi Hijo amado, en el cual tengo complacencia" (2 Pedro 1:17). Por tanto, la tragedia del sufrimiento de alguna manera está dentro de los confines del amor divino. Nunca debemos pensar que Dios no nos ama, aun cuando suframos.

¿Existen ángeles especiales para los niños?

Previamente vimos las palabras de Jesús en Mateo 18:10: "Mirad que no menospreciéis a uno de estos pequeños, porque os digo que sus ángeles en los cielos ven siempre el rostro de mi Padre que está en los cielos". Este versículo plantea una pregunta interesante: ¿Existe un contingente especial de ángeles de la guarda asignados para proteger a los niños del reino de Dios?

Así se ha interpretado tradicionalmente el texto. Además, las madres que tienen hijos pequeños piensan que debe existir tal compañía de ángeles, especialmente cuidadosos y eficaces, encargados de la seguridad de los niños. Estos necesitan ese cuidado intenso.

La interpretación tradicional pudiera ser correcta. También es posible —y quizá más probable— que la expresión "estos pequeños" en el versículo 10 no se refiera a niños, sino a creyentes que se han hecho humildes como niños. Esto fue lo que enseñó Jesús: "Si no os volvéis y os hacéis como niños, no entraréis en el reino de los cielos" (18:3). También dijo: "Cualquiera que se humille como este niño, ese es el mayor en el reino de los cielos" (18:4). El énfasis está en los adultos que confían y se hacen humildes, como niños pequeños. En el versículo 5 se recalca que debemos recibir a aquel que es *como* niño, y en el versículo 6, Jesús se refiere al creyente adulto que es como niño: "A cualquiera que haga tropezar a alguno de estos pequeños que creen en mí". Por tanto, el mandato del versículo 10 podría referirse a un creyente adulto que confía en Cristo con la fe de un niño.

Es probable, entonces, que Mateo 18:10 hable de los creyentes que confían en Jesús como niños. Por supuesto, no excluye a los niños mismos. Después de todo, constituyen el modelo de lo que es tener fe en Jesús como la de un pequeño. Ellos también están bajo el cuidado providencial que brinda Dios por medio de los ángeles.

¿Existen ángeles de la guarda personales?

Otra pregunta que hace la gente es si se asigna perpetuamente un ángel específico a cada creyente. Cuando se dio a conocer la lista celestial de responsabilidades, ¿se le dio a un ángel el deber de cuidarlo y protegerlo a usted?

Algunas personas creen que Hechos 12:1-19 presenta tal enseñanza. Allí leemos que Herodes había enviado a Pedro a la cárcel. La iglesia, reunida en la casa de la madre de Juan Marcos, oraba para que Dios librara al apóstol. Mientras tanto, "un ángel del Señor" se presentó en la cárcel y en forma milagrosa sacó de allí a Pedro (aunque éste pensaba que se trataba de una visión). Una vez que estuvo fuera, Pedro se dio cuenta de que un ángel lo había rescatado del poder de Herodes. De inmediato fue a la casa de Juan Marcos y tocó a la puerta. Rode, la criada, salió al patio para averiguar quién había llegado y entró nuevamente para informar a los hermanos que Pedro estaba afuera. Ellos no le creyeron y dijeron: "¡Estás loca!" Cuando Rode insistió en que era cierto, dijeron: "¡Es su ángel!" (12:15). Finalmente le abrieron la puerta a Pedro y él saludó a la asombrada iglesia.

Aunque los hermanos habían estado orando ansiosamente para que Pedro quedara libre, quedaron atónitos —como nos sucede a muchos hoy— al ver que sus oraciones habían sido respondidas de esa manera. Nótese que dijeron "*su* ángel" (12:15). Sin duda esa expresión refleja lo que pensaba la iglesia primitiva que estaba reunida allí. Creían que cada uno tenía un ángel de la guarda personal, quien en ocasiones se manifestaba en forma corporal y se parecía a la persona que estaba bajo su cuidado.

Así pues, es posible que haya un ángel personal asignado a cada creyente. Por otro lado, el pasaje sólo prueba que eso es lo que creían algunos de los primeros cristianos. Puesto que ningún otro pasaje bíblico lo apoya, no tiene mucha validez para probar que existen ángeles asignados individualmente.

Un reformador dijo que, respecto a los ángeles, sólo debemos afirmar lo que es "verdadero, seguro y de beneficio". El se preguntaba si realmente era "de beneficio" creer que hay ángeles de la guarda asignados a cada persona. Declaró que si no estamos satisfechos al saber que todas las huestes celestiales nos cuidan, en qué nos beneficiará saber que han nombrado a un ángel como mi guarda personal.

Quizá tengamos ángeles asignados en forma personal, o tal vez no. Lo importante es que, lo que nos provee seguridad, es el cuidado que *Dios* nos brinda por medio del ángel. El es el único que nos amó tanto que envió a su Hijo para que muriera por nosotros. Este amor proviene de Dios, no de los ángeles.

Finalmente, la enseñanza bíblica sobre el cuidado de Dios mediante ángeles de la guarda no significa que podemos ser descuidados e irresponsables. Recordemos cuando el diablo citó Salmos 91:11-12 al tentar a Jesús (Mateo 4:5-7; Lucas 4:9-12). El animó a Jesús a lanzarse desde el pináculo del templo. Jesús le respondió con otra cita de la Escritura: "Escrito está también: 'No tentarás al Señor tu Dios'" (Mateo 4:7).

La respuesta de Jesús es una verdad que necesitamos tener en mente. Dios y sus ángeles no son una póliza de seguro contra todas las catástrofes que ocurren en la vida humana y que se pueden evitar. Muchas veces el sentido común que nos ha provisto Dios es más importante que la cantidad de ángeles que tratan de vencer nuestra insensatez.

Pasajes bíblicos: Génesis 19:1-22; 22:9-18; 31:1-2; Exodo 23:20-22; Deuteronomio 6:16; 1 Samuel 16:19; 2 Reyes 6:8-23; Salmos 34:7; 91:9-12; Eclesiastés 5:6; Hageo 1:13; Malaquías 2:7; 3:1; Mateo 4:5-7; 11:10; 18:1-10; 26:53; Marcos 1:2; Lucas 4:9-12; 7:24, 27; 9:52; Hechos 12:1-19; Santiago 2:25; 2 Pedro 1:17.

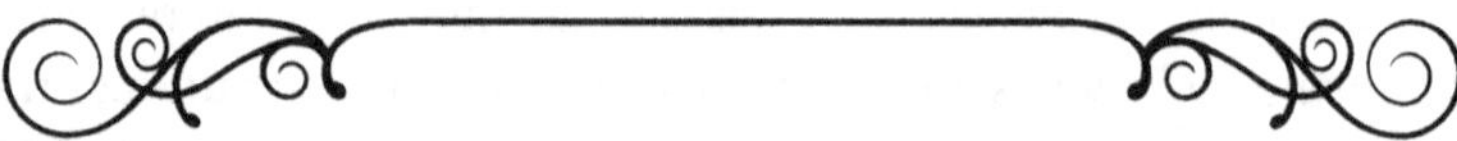

Hay un cuadro clásico que muchos padres de niños pequeños han enmarcado y colgado en alguna pared de su casa. En él se ve a un niño que duerme mientras, al lado de su cama, está el padre arrodillado, orando fervientemente. En la parte superior del cuadro, por la ventana de la habitación, se ve en el cielo nocturno la representación de un espíritu bueno y otro malo que luchan por la vulnerable alma infantil. En la parte inferior se cita Efesios 6:12: "Porque no tenemos lucha contra sangre y carne, sino contra principados, contra potestades, contra los gobernadores de las tinieblas de este mundo, contra huestes espirituales de maldad en las regiones celestes". ¿Cómo se libra esta batalla celestial? Y, ¿quiénes son los "gobernadores de las tinieblas de este mundo"?

CAPÍTULO 5

Satanás y los demonios

Gene Van Note

¿TIENE USTED UN DEMONIO PERSONAL? ¿Uno que se sienta sobre su hombro y le susurra al oído tentaciones atractivas? ¿Uno que con malicia le sugiere formas de actuar ilegalmente sin dañar mucho a otros? ¿Alguien a quien puede culpar cuando todos se enteran de las malas decisiones que ha hecho usted?

Algunas personas creen que los demonios están en todo lugar, llenando quizá hasta el aire que respiramos. Veamos la siguiente declaración acerca de la vida que pronunció alguien considerado como sabio por su comunidad: "Todas las personas están rodeadas de demonios, mil a la izquierda y diez mil a la derecha". Estas palabras provienen del *Haggadah*, la colección del antiguo pensamiento judío popular. Las leyendas sostienen que la debilidad en las rodillas es señal de que los demonios están presentes. Además, en la antigüedad se pensaba que los demonios se acercaban tanto a los líderes espirituales que desgastaban las vestimentas de éstos. Cuando a alguien le aparecían moretones en los pies, era señal de que los demonios lo habían pisoteado.

Según el *Haggadah*, en especial las enseñanzas del rabino Huna, si alguien deseaba ver demonios, tenía que seguir las siguientes instrucciones extrañas y grotescas: Tome la placenta de un gato negro que sea la primera cría de la camada de un gato negro que, a su vez, también haya sido la primera cría. Tueste la placenta al fuego, muélala hasta que quede como polvo, y ponga una cantidad generosa en cada ojo de la persona. Entonces ésta podrá ver demonios. O, por lo menos, eso dicen los viejos cuentos.[1]

Una persona observadora podría comentar que, cualquiera que se ponga ceniza en los ojos, no verá nada excepto demonios, ¡por mucho tiempo!

Pero, ¿qué dice la Biblia?

¿Es peligroso sentarse bajo un tubo de desagüe porque el agua de las cloacas contiene demonios? ¿Debe uno abstenerse de salir de la casa los miércoles y sábados por la noche, porque en esas noches los demonios rondan en la oscuridad?

Eso es lo que dice el *Haggadah*.

Pero, ¿qué dice la Biblia?

Sospechamos que la enseñanza bíblica respecto a los demonios y a su señor, Satanás, es diferente de lo que acabamos de leer; así que, veamos lo que dice la Biblia acerca de estos representantes del mal.

Satanás y sus huestes en el Antiguo Testamento

Mientras escribo estas palabras, el frío otoñal flota en el aire, y las tiendas exhiben las máscaras para el día de las brujas o *Halloween*. Vi una máscara popular el otro día: una de jebe que cubre toda la cabeza y representa al diablo o, por lo menos la idea popular que muchos tienen acerca de su apariencia. Dentro de unos días, duendes, fantasmas, diablos y brujas caminarán por las calles pidiendo dulces a los vecinos y amigos. Lo cierto es que, aunque los comerciantes anuncien astutamente que su mercancía "diabólica" es para "espíritus y niños", la perspectiva bíblica sobre los brujos y demonios es mucho más seria. El mensaje de la Biblia es claro: Satanás y sus huestes son reales, y han sido maestros del engaño y motivo de preocupación por mucho tiempo.

Lo sorprendente es que el Antiguo Testamento casi no habla de los demonios, y mucho menos de Satanás, su señor.

Satanás apareció por primera vez casi al principio de la historia de la salvación, en Génesis 3, como la serpiente que tentó a nuestros primeros padres a pecar. En 2 Corintios 11:3, el apóstol Pablo se refiere a esa trágica escena. Sin embargo, ni en Génesis 3 ni en ningún otro lugar del Antiguo Testamento se identifica a la serpiente como Satanás. Es Juan, en Apocalipsis 12:9, quien escribe: "La serpiente antigua, que se llama Diablo y Satanás... engaña al mundo entero". Allí se declara finalmente lo que por mucho tiempo se sospechaba: La astuta serpiente era en realidad Satanás disfrazado.

El sustantivo que se traduce como "Satanás" aparece sólo seis veces en la Biblia hebrea. La Septuaginta, la traducción del Antiguo Testamento al griego, usa la palabra *diabolos* cada vez que en el hebreo se usa el nombre Satanás. De ese término se deriva "diabólico", que significa "algo característico del diablo". Esto indica el significado primordial de la palabra, porque *diabolos* denota a la persona que difama maliciosamente, un calumniador.

Satanás fue el que difamó el carácter de Job (capítulos 1 y 2), el que acusó al siervo de Dios (Zacarías 3:1), y el que perversamente influyó en David para que realizara un censo en Israel (1 Crónicas 21:1). Satanás estuvo involucrado con el pecado en el Antiguo Testamento, pero no hay referencia alguna a él como un ser maligno independiente que gobierna el reino demoníaco. En realidad, en el Antiguo Testamento no se ve ninguna relación entre los demonios y Satanás. Esa idea se desarrolló más tarde.

Entre Malaquías y Mateo

La literatura religiosa judía del período intertestamentario, que duró 400 años (entre Malaquías y Mateo), tiene un número mayor de referencias a Satanás y sus demonios. Hay diversas opiniones entre los eruditos que estudian por qué aumentó la enseñanza judía acerca del diablo y los demonios. Quizá fue resultado del contacto con la religión persa, y su dualismo zoroástrico, mientras el pueblo de Dios estuvo cautivo en Babilonia. Los zoroastras enseñaban que el bien y el mal son fuerzas opuestas y de igual potencia, que pelean para controlar el mundo.

La enseñanza judía respecto a Satanás y sus huestes no constituyó la base de la enseñanza de Jesús, ni creó la continua hostilidad entre El y los demonios que se ve en los evangelios. Sin embargo, nos ayuda a comprender la confrontación entre el bien y el mal, tal como podrían haberla entendido las personas en los días de Jesús.

Los evangelios

A Jesús lo vemos a través del lente de 2,000 años de historia cristiana y del estudio diligente de cientos de eruditos durante generaciones. En las páginas de la Biblia, lo vemos en la resurrección, en la ascensión y en el Pentecostés.

Sin embargo, los que jugaron con El cuando era niño, y los que caminaron con El cuando ya fue hombre, no tuvieron el beneficio de saber acerca de la tumba vacía ni el poder del Espíritu Santo, quien nos guía a toda sabiduría. Ellos lo vieron como una persona común, sin nada que lo distinguiera entre la multitud. Imaginemos el día cuando esperó para que Juan lo bautizara en el río Jordán. La multitud no enfocó su atención en Jesús, sino en Juan el Bautista. Jesús era sólo una persona más en la fila.

Para estos espectadores del siglo I, debió ser bastante obvio que había ocurrido un gran cambio en la vida de Jesús después que inició su ministerio formal. Antes, era uno más en la multitud; después, era evidente que las fuerzas del bien y del mal estaban combatiendo, y el campo de batalla era la vida y persona de Jesús.

Marcos relata que "luego [después que Jesús fue bautizado] el Espíritu lo impulsó al desierto" (1:12). La palabra que se traduce como "impulsó" es la misma que se usa en Marcos 1:34, 39, cuando Jesús echó fuera demonios. En el griego, el término tiene una amplia variedad de significados de los cuales el traductor puede escoger, desde "lo impulsó" a "lo llevó" (*Versión Popular*). Ya sea que usted concluya que la palabra significa "echar fuera" o "instar gentilmente", una cosa es clara: Dios no temió ni eludió el enfrentamiento con el diablo. Esta verdad tiene enormes implicaciones, de las cuales trataremos en el próximo capítulo.

Los poderes de las tinieblas tampoco dejaron tranquilo a Jesús después que rechazó los atajos del diablo para lograr la victoria. Según el Evangelio de Marcos, Jesús apenas había terminado de llamar a los primeros discípulos, cuando "un hombre con espíritu inmundo" lo identificó en la sinagoga de Capernaúm (1:23-27).

Veamos una breve muestra de los encuentros del Señor con las fuerzas demoníacas, los cuales, por lo menos en cierto grado, sirvieron para definir el ministerio de Jesús. El Nuevo Testamento da como un hecho la existencia de Satanás y de los demonios. Es importante notar que, en el Nuevo Testamento griego, al diablo nunca se le llama "demonio" ni a los demonios se les llama "diablos".

El ministerio de sanidad de Jesús incluyó liberación de toda clase de posesión demoníaca. En algunos casos, los demonios sabían quién era Jesús, como aquel en la sinagoga de Capernaúm que mencionamos antes, y la legión de demonios que moraban en el hombre que vivía en los sepulcros, al otro lado del lago, en la región de los gadarenos (Marcos 1:23-26; 5:1-20). En otras ocasiones, Jesús liberó a personas de sufrimientos físicos o emocionales causados por demonios (véase, por ejemplo, Mateo 9:32-34; 17:14-18).

En el Nuevo Testamento vemos a Satanás como un poder maligno independiente, un adversario sobrenatural de Dios que tienta astutamente a los creyentes cristianos, y que guió a Judas para que traicionara a Cristo (1 Timoteo 3:7; Juan 13:2, 27). Satanás es asesino y mentiroso, se presenta disfrazado como ángel de luz, impide que el evangelio alcance a los inconversos, ejerce control sobre éstos, y tiene el poder de la muerte sobre aquellos que están fuera de la iglesia (Juan 8:44; 2 Corintios 11:14; Lucas 8:12; Colosenses 1:13; Hebreos 2:14). Y, esa es sólo la lista breve del poder satánico de las tinieblas sobre la humanidad en su violenta oposición a Aquel que dijo: "Yo soy la luz del mundo" (Juan 8:12).

El Nuevo Testamento aparte de los evangelios

Después de los evangelios, en el resto del Nuevo Testamento no se menciona mucho a Satanás ni a los demonios. Sin embargo, se presupone su existencia, y no se indica que hubiera disminuido su poder.

El primer incidente relacionado con el diablo que se relata fuera de los evangelios está en Hechos, cuando Pedro le dirige a Ananías palabras severas, pero fáciles de comprender: "¿Por qué llenó Satanás tu corazón para que mintieras al Espíritu Santo?" (5:3). Los eruditos aún debaten cuál es el significado de la última referencia al diablo en el Nuevo Testamento: "Cuando los mil años se cumplan, Satanás será suelto de su prisión" (Apocalipsis 20:7). Entre los períodos en que se escribieron estos libros del Nuevo Testamento, se usaron varios términos para hacer hincapié en diferentes aspectos de las características malignas del adversario de Dios.

Filón Judeo, conocido también como Filón de Alejandría, representa muy bien las ideas de la mayoría de los judíos y griegos de los tiempos novotestamentarios. El vivió del año 20 a.C. hasta el 50 d.C. Combinó la filosofía judía y la griega, creyendo que había espíritus volando por el aire en todo lugar. Según Filón, el aire estaba lleno de espíritus sin cuerpo. Al igual que él, en el período del Nuevo Testamento, tanto los judíos como los griegos creían que el aire estaba lleno de espíritus, y que algunos eran buenos, pero la mayoría eran malos. Cualquiera que respirara, era potencialmente víctima o beneficiario de esos espíritus presentes en el aire.

El apóstol Pablo, instruido en escuelas judías y griegas, creía firmemente que los cristianos eran atacados por los espíritus del mal. A los corintios les escribió: "Los incrédulos, a quienes *el dios de este mundo* les cegó el entendimiento, para que no les resplandezca la luz del evangelio de la gloria de Cristo, el cual es la imagen de Dios" (2 Corintios 4:4, itálicas agregadas). Al escribir a los efesios, Pablo desarrolló la idea, refiriéndose al "príncipe de la potestad del aire, el espíritu que ahora opera en los hijos de desobediencia" (2:2). Luego añadió: "No tenemos lucha contra sangre y carne, sino contra... los gobernadores de las tinieblas de este mundo, contra huestes espirituales de maldad en las regiones celestes" (6:12). En el próximo capítulo veremos cómo piensa Pablo que concluirá esta batalla. Por ahora, basta decir que el apóstol estaba convencido de que en este mundo había un poder maligno.

Pedro, Santiago y Juan concuerdan, y cada uno expresa palabras similares a las de 1 Pedro 5:8: "Vuestro adversario el diablo, como león rugiente, anda alrededor buscando a quien devorar" (véase Santiago 4:7; 1 Juan 5:18). En algunas ocasiones, y en algunos lugares, se creía que el diablo poseía gran poder. Juan escribió a la iglesia de Pérgamo: "Yo conozco tus obras y dónde habitas: donde está el trono de Satanás" (Apocalipsis 2:13). A fin de advertir a sus amigos cristianos, Juan escribió acerca de "la serpiente antigua, que se llama Diablo y Satanás, el cual engaña al mundo entero" (12:9). La iglesia primitiva no tenía dudas al respecto. Estaba librando una batalla intensa y violenta con un adversario personal que era totalmente maligno, cuyo propósito, si podía, era arrastrar a todos hacia el abismo con él. ¡Y lo estaba intentando!

Del pasado al presente

Casi dos mil años han transcurrido desde que Juan escribió acerca de la batalla final entre Dios y Satanás. Aquí sólo tenemos tiempo y espacio para detenernos en dos o tres puntos de la historia desde el "entonces" hasta el "ahora".

Martín Lutero, líder clave de la Reforma protestante, en 1529 escribió el himno "Castillo fuerte es nuestro Dios". En él expresó su preocupación respecto a la presencia y el poder del diablo como persona:

Aunque estén demonios mil prontos a devorarnos,
no temeremos, porque Dios sabrá aun prosperarnos.
Que muestre su vigor Satán, y su furor;
dañarnos no podrá; pues condenado es ya
por la Palabra santa.

Se dice que Juan Wesley, nuestro pionero espiritual que vivió en el siglo XVIII, un día literalmente le arrojó un tintero al diablo, porque creía que éste lo estaba acosando en su estudio.

Ootah, el indígena norteamericano que en 1910 acompañó a Robert Peary al Polo Norte, dijo: "De seguro el diablo está dormido o tiene problemas con su esposa; de lo contrario, no hubiéramos regresado tan fácilmente".[2]

Por supuesto, la gente hoy es demasiado sofisticada como para creer en esas ideas tradicionales. Vivimos en una era científica. No somos como las personas que se ven en las páginas de la revista *National Geographic*, que practican rituales extraños para controlar a los malos espíritus. Es de suponer que, si la mente moderna arguye que no podemos ver a Dios con el telescopio, también dirá que no podemos ver al diablo. La ciencia moderna no acepta ninguna idea que no pueda demostrarse. Excepto, claro está, por su firme creencia en las partes que constituyen el átomo; nadie las ha visto jamás, pero todos aceptan su existencia. Pero, ese es un tema diferente.

Los científicos no son los únicos que debaten o desechan la idea de que Satanás existe. Algunos líderes religiosos comparten esa posición. Un pastor del mediooeste de los Estados Unidos dijo: "Si hablamos de un personaje satánico que representa toda la maldad del universo, la gente hoy no lo acepta". Luego agregó: "Esa idea no tiene conexión alguna con la experiencia de las personas. Para la mayoría de ellas, la maldad es más abstracta y difícil de comprender".[3]

Por otro lado, la industria del entretenimiento parece estar encantada con Satanás y sus demonios, o, en algunos casos, con Dios y sus ángeles. Tales películas llevan el tema al borde de lo absurdo, y quizá más allá. Sin embargo, se han hecho numerosas películas y un sinnúmero de programas de televisión acerca del diablo. La guía de películas y videos de Leonard Maltin incluye 61 películas que empiezan con la palabra "diablo", y 10 que empiezan con "Satanás". Pero, esa lista está incompleta; además, no incluye las películas que no mencionan a Satanás en el título, pero están enfocadas en él, tales como *El bebé de Rosmery* (1968) y *El exorcista* (1973).

Sin embargo, aunque la perspectiva científica rechace la existencia del diablo como persona, y aunque algunos líderes religiosos concluyan que esa idea no se conecta con la experiencia, el diablo tiene innumerables creyentes en todo el mundo. Las prácticas de vudú en el Caribe son un ejemplo de la adoración satánica en el presente siglo. Estos cultos, con cierta variación, están apareciendo en los Estados Unidos mediante una forma de adoración religiosa conocida como "santería".

Pero, no es necesario recurrir a las formas primitivas de adoración para hallar evidencias de lealtad a Satanás. Se ve aun en la ropa que usa la juventud. Por supuesto, sabemos que los jóvenes rara vez pasan por alto la oportunidad de escandalizar y atemorizar a la generación de sus padres. No es fácil distinguir entre la convicción sincera y la oportunidad de ganar una pelea en la batalla entre las generaciones. Cualquiera que sea la motivación, basándose en la libertad de religión, en los Estados Unidos los jóvenes han obtenido el derecho de usar vestimenta satánica en público, como expresión de su fe "religiosa".

No obstante, no hay duda alguna respecto a la intensidad de la devoción a causas satánicas cuando los adoradores del diablo, como parte de su ritual, matan una mascota antes de matar a sus compañeros de estudio. Algo similar ocurrió en Mississippi, donde un joven mató a su mamá a puñaladas, y luego fue al colegio llevando un rifle bajo la chaqueta. Allí mató a dos muchachas e hirió a otras siete personas; todo era parte de la conspiración planeada por un pequeño grupo de jóvenes que adoraban a Satanás. El asesino dijo: "Ese crimen fue el medio viable de cumplir el propósito y las metas del sistema de creencias que compartimos".[4]

Por otro lado, muchos creyentes cristianos, que representan tanto las formas de teología y adoración tradicionales como las contemporáneas, comparten algún tipo de creencia en los demonios, en la posesión demoníaca, o en el demonismo, como prefieren llamarlo algunos. Ciertos grupos están controlados por rígidas reglas y normas en lo que concierne a reconocer y echar fuera demonios. En tales comunidades religiosas, ese trabajo corresponde exclusivamente a personas expertas, que han sido capacitadas para esa especialidad. Otros grupos permiten que lo haga casi cualquier creyente que posea "el don" para identificar la posesión demoníaca, y para ordenar al intruso maligno que salga de la persona.

Muchos —quizá la mayoría— de los creyentes en todas las ramas y expresiones del cristianismo se muestran renuentes a declarar que poseen la capacidad para identificar a los demonios, o el poder para echarlos fuera de la persona poseída. En el capítulo 6 dialogaremos con un misionero que vivió muchos años en Haití. El nos dará algunas claves para distinguir los malos espíritus y qué es apropiado hacer en esos casos.

Tal como afirma el himno de Martín Lutero, el diablo puede mostrar su vigor y furor, pero su poder es limitado. En el próximo capítulo conoceremos cuáles son esos límites y veremos un mensaje de seguridad para los cristianos.

---

1. Todas las referencias sobre las creencias judías populares provienen de *The Book of Legends*, redactado por Hayim Nahman Bialik y Yehoushua Hana Ravnitsky, traducido al inglés por William G. Braude (Nueva York: Shocken Books, 1992), p. 793.
2. Emily Morrison Beck, red., *John Bartlett's Familiar Quotations* (Boston: Little, Brown and Company, 1980), p. 679.
3. "The Devil Next Door", *Kansas City Star*, 1 de noviembre de 1997, E-1.
4. *Kansas City Star*, 17 de octubre de 1997, A-8.

Pasajes bíblicos: Génesis 3; 1 Crónicas 21:1; Job 1—2; Zacarías 3:1; Mateo 9:32-34; 17:14-18; Marcos 1:12, 23-27, 34, 39; 5:1-20; Lucas 8:12; Juan 8:12, 44; 12:2; 13:27; Hechos 5:3; 2 Corintios 4:4; 11:3, 14; Efesios 2:2; 6:12; Colosenses 1:13; 1 Timoteo 3:7; Hebreos 2:14; Santiago 4:7; 1 Pedro 5:8; 1 Juan 5:18; Apocalipsis 2:13; 12:9; 20:6.

El **Rdo. Gene Van Note** fue redactor ejecutivo del currículo de escuela dominical en inglés para la Iglesia del Nazareno. Ahora está jubilado y reside en Overland Park, Kansas, E.U.A.

En los últimos años, una serie de novelas del escritor cristiano Frank Peretti —principiando con su conocida obra *This Present Darkness* (Esta oscuridad presente)—, han hecho que la idea de la guerra espiritual sea un importante tema de discusión entre los cristianos. Las novelas presentan a un diablo muy real, que libra una batalla también real contra iglesias y cristianos confiados y desprevenidos. Algunas personas alabaron las novelas, por ser una llamada de alerta respecto al poder de Satanás y su maligna influencia en todos los aspectos de nuestra vida. Otras pensaron que Peretti había ido demasiado lejos, atemorizando a los cristianos con la idea de demonios bajo cada cama y detrás de cada puerta. ¿Cuál es el punto de vista correcto en cuanto a Satanás? ¿Debemos describirlo como un personaje macabro, de mirada extraña y largos colmillos? ¿O incluye su descripción mucho más que simples atributos físicos? En todo caso, ¿cómo podemos defendernos los cristianos de ese cruel enemigo?

Capítulo 6

La guerra espiritual y la armadura del Espíritu

Gene Van Note

A PRINCIPIOS DE MAYO DE 1866, la Corte Distrital de Virginia, Estados Unidos, acusó a Jefferson Davis de traición contra el gobierno federal. La acusación decía en parte: "Jefferson Davis, careciendo de temor de Dios ante sus ojos... y siendo más bien impulsado y seducido por el diablo... para pervertir y agitar, para motivar e incitar a la insurrección, rebeldía y guerra..."[1]

La acusación de traición contra el ex presidente de los Estados Confederados de América no es el tema de este capítulo. Sin embargo, diremos que, el 10 de mayo de 1867, Davis fue liberado mediante un mandato de hábeas corpus y nunca fue juzgado.

Lo importante aquí es que, en cierto momento de la historia, una corte federal de los Estados Unidos formuló una acusación que incluyó las palabras "seducido por el diablo". ¿Qué ocurrió con la sagrada doctrina de la separación de la iglesia y el estado en los Estados Unidos? Quizá eso sucedió antes que se le diera a esta doctrina una nueva interpretación en la Constitución. Por lo menos, demuestra lo mucho que afecta a las personas la cultura que las rodea.

No debe sorprendernos. La gente siempre ha sido moldeada por su cultura. Las tradiciones judías rabínicas, que influían grandemente en la época de Jesús, sostenían que en la antigüedad, Satanás había estado más activo de lo que revela el Antiguo Testamento. Las tradiciones enseñaban que, además de su intervención en el huerto del Edén y en las pruebas de Job, Satanás era responsable de muchos de los pecados que se mencionan en la Biblia hebrea, tales como la adoración del becerro de oro por parte de los israelitas en el Sinaí, y el pecado de David con Betsabé. Según esas tradiciones ampliamente aceptadas, Satanás también causó que los gentiles ridiculizaran las leyes judías, debilitando así la lealtad religiosa de los judíos.

Jesús fue un hombre de su época

Jesús es un hombre de todos los tiempos, de todas las edades y generaciones. No obstante, como el encarnado Hijo de Dios, vivió en un tiempo específico de la historia. Cuando Pablo escribió, en Filipenses 2:7, que Jesús "se hizo semejante a los hombres", afirmó que El adoptó las limitaciones de tiempo y espacio que tenemos todos. Jesús nació en una cultura con creencias, prejuicios, hábitos y costumbres.

Sin duda, esa cultura no sólo creía en el diablo y en los demonios, sino que experimentaba también su poder destructivo. Pero, aunque en el período del Nuevo Testamento los demonios despertaban profundo temor, no se les consideraba algo extraño, como para ponerlos en carpas y cobrar entrada para que las personas los vieran en acción. O, quizá la gente les temía demasiado como para tener ese tipo de contacto con ellos o tratar de controlarlos. Sabemos que, en un caso, los dueños de una muchacha endemoniada la usaban para ganar dinero porque poseía la facultad de predecir el futuro (Hechos 16:16-18). En esa cultura compartían cierta idea común respecto al diablo y sus demonios, y en tal contexto se libró la batalla de Jesús contra las fuerzas de las tinieblas.

¿Quién era Jesús tal como lo revela su interacción con los demonios? Si es cierto que, hasta cierto punto, la generación de Jesús definió el ministerio del Señor por los actos del diablo y sus demonios, entonces debemos preguntarnos qué reveló la hostilidad de éstos.

El registro del conflicto entre la Luz del mundo y las fuerzas de las tinieblas no es complicado, aunque algunas partes estén escondidas en la historia desconocida y en el misterio de lo oculto. Demos un rápido vistazo al relato de los evangelios al respecto.

Hay cuatro hechos que resaltan:

- Los demonios eran poderosos y se oponían a Jesús.
- Sabían quién era Jesús.
- Reconocían la autoridad de Jesús sobre ellos y obedecían sus órdenes.
- Los enfrentamientos revelaron que Jesús era una persona notable, alguien que tenía el poder de Dios.

Ningún pasaje del Nuevo Testamento muestra juntos los cuatro aspectos mencionados. Quizá Lucas 4:31-37 sea el que más se acerca, y aunque no presenta el cuadro completo, nos da un panorama bastante amplio. Por tanto, empecemos allí.

Un día, los fieles de Capernaúm le pidieron a Jesús que enseñara en la sinagoga. Todo transcurría normalmente, hasta que fueron interrumpidos por el espíritu maligno que moraba en un hombre. El espíritu impuro de inmediato reconoció quién era Jesús y exclamó: "Yo sé quién eres: el Santo de Dios" (4:34). En los relatos de los evangelios vemos que, en muchos casos, los demonios eran los primeros en reconocer a Jesús (véase Marcos 1:23-24; 5:1-20).

Ese día el poder de Jesús sobre los demonios se demostró claramente en la sinagoga de Capernaúm, cuando dijo: "¡Cállate y sal de él! Entonces el demonio, derribándolo en medio de ellos, salió de él sin hacerle daño alguno" (Lucas 4:35).

El resultado fue predecible, estableciendo un patrón que continuó de una u otra forma a través de los evangelios. "Todos estaban maravillados, y se decían unos a otros: ¿Qué palabra es esta, que con autoridad y poder manda a los espíritus impuros, y salen?" (4:36).

¿Quién era Jesús tal como lo definen sus palabras y hechos? Después que la fama de Jesús se había extendido, en cierta ocasión El volvió a su ciudad, Nazaret (Lucas 4:16-28). Eso a veces presenta riesgos, y así fue para Jesús. Estando en la sinagoga, sus amigos de la niñez se enojaron tanto por lo que El declaró que procuraron matarlo. Jesús despertó la ira de ellos cuando leyó un pasaje de Isaías y luego dijo: "Hoy se ha cumplido esta Escritura delante de vosotros" (4:21).

¿Cuál fue el pasaje? El de Isaías 61:1-2: "El espíritu de Jehová, el Señor, está sobre mí, porque me ha ungido Jehová. Me ha enviado a predicar buenas noticias a los pobres, a vendar a los quebrantados de corazón, a publicar libertad a los cautivos y a los prisioneros apertura de la cárcel; a proclamar el año de la buena voluntad de Jehová".

Lo importante aquí no es la ira de las personas, sino el pasaje del Antiguo Testamento que escogió Jesús para definir su vida y su obra. Nótese que al hablar de sí mismo y de su misión, Jesús no mencionó específicamente que echaría fuera demonios; sin embargo, nunca vacilaba en librar batalla contra ellos. Su énfasis estaba en la libertad, la sanidad y la salvación, y no sólo para los privilegiados, sino también para los pobres. Es obvio que estaba cumpliendo el mensaje profético que el ángel le había dado a José: "Le pondrás por nombre Jesús, porque *él salvará a su pueblo de sus pecados*" (Mateo 1:21, itálicas añadidas).

Jesús confirmó la promesa del ángel cuando declaró: "El Hijo del hombre vino a buscar y a salvar lo que se había perdido" (Lucas 19:10). Jesús no vivía obsesionado con los representantes de las tinieblas. No se levantaba cada mañana pensando que su tarea primordial sería cazar demonios. Tampoco les decía a los discípulos mientras desayunaban: "Encuentren hoy a un endemoniado para que yo pueda impresionar a la multitud". Cuando los demonios intentaban declarar la verdadera naturaleza de Jesucristo, a menudo El les ordenaba que callaran y que no lo dijeran a nadie (por ejemplo, en Lucas 4:41). El Señor Jesús no deseaba ser conocido como destructor de demonios. A El le preocupaban las personas desafortunadas, manifestando el amor que era parte de su propósito más amplio de redimir al mundo.

Por supuesto, nos interesa saber qué significa esto para nosotros, los que vivimos dos milenios después del inicio de la era cristiana. Exploremos, pues, esa pregunta.

¿Existe actividad demoníaca hoy?

En los cuatro evangelios encontramos 75 referencias a demonios, a espíritus malignos y al diablo. En los otros 23 libros del

Nuevo Testamento hay sólo 28 referencias al diablo y sus huestes, lo cual equivale a una tercera parte del total en los evangelios. El problema no desapareció, pero disminuyó la intensidad y la frecuencia de la oposición. O, lo más probable es que el diablo haya adoptado un método diferente al ataque directo que usaba contra Jesús.

En el transcurso de los siglos, la actividad satánica, el demonismo y la fascinación con el ocultismo han aumentado y disminuido como la marea. En la actualidad hay un enorme interés en las fuerzas que no se pueden explicar con fórmulas científicas, y esta curiosidad existe a nivel mundial. Veamos algunos ejemplos.

Hace un tiempo, en una ciudad italiana cerca de Nápoles, un extraño le pidió a una secretaria que modificara las listas de inscripción de los votantes. Ella se negó. Unos días después, la mujer se enfermó y no podía comer ni dormir. Los especialistas de Nápoles y Roma no encontraron en ella ningún problema físico. Finalmente, llevada por la desesperación, su familia solicitó los servicios de Annamaría Ammendola, una hechicera local que se especializa en echar fuera demonios y espíritus malos. El informe noticioso reportó: "Ella [Annamaría] reunió su energía cósmica —un proceso que requiere dos o tres días de intensa concentración— y luego rompió la maldición y le restauró la salud a la secretaria". Lo increíble es que el hecho no le pareció extraño a nadie en la comunidad. Los italianos son cosmopolitas e instruidos, pero se calcula que hay de 20,000 a 30,000 hechiceros en Italia, cuyas ganancias anuales llegan a un total aproximado de 20 millones de dólares.[2]

Por supuesto, nosotros no tenemos tiempo ni interés en esas mentiras, ¿verdad? "Papá Jorge" anuncia por la Internet que puede crear maldiciones personales de vudú para cada uno de sus clientes. "La diferencia entre el médium y el vudú", dice Papá Jorge, "es que el médium predice y el vudú obtiene resultados. Yo hago que las personas deseen lo que usted quiere que deseen. En la vida todo se reduce a influencia: la de Dios o la del diablo". Luego agrega: "Si este anuncio le perturba, lo siento, pero tenemos libertad de expresión. Si no le gusta esto, váyase a vivir a la

China. Y, recuerde, por cada persona a la que le desagrada este anuncio, ¡hay 10 personas que quieren leerlo!"

Quizá sí, o quizá no.

Sin embargo, la interacción pública con el diablo y sus agentes no es un tema popular para la mayoría de los norteamericanos. Nos gusta nuestro paganismo en dosis más sutiles. En otros lugares del mundo, por el contrario, la lucha es directa y violenta.

Hace un tiempo, en Haití se hundió un transbordador que navegaba de la isla de Gonaive hacia tierra firme; murieron 200 personas. Los haitianos de Gonaive acusaron al dueño de otro transbordador de haber causado la tragedia usando vudú. Por tanto, incendiaron su embarcación y trataron de linchar a la esposa, quien tuvo que ser rescatada por la policía.[3]

Un informe de las líneas de batalla

Cuando alguien ha sido misionero en Haití, una de las bendiciones y cargas es que a menudo la gente le pregunta: "Usted no cree en demonios y en la posesión demoníaca, ¿verdad?" Por lo menos, tal ha sido la experiencia del Dr. Paul Orjala. El y su esposa, Mary, sirvieron a Dios y a la iglesia en Haití por más de 15 años.

La experiencia y el contacto personal del Dr. Orjala con el vudú y la posesión demoníaca proveen un conocimiento singular acerca del demonismo. Cuando los Orjala llegaron a Haití en 1950, formaron parte del grupo de los primeros misioneros evangélicos que fueron a esa isla. En muchas ocasiones presenciaron allí el poder satánico, cuando las personas eran poseídas por fuerzas demoníacas. Los haitianos usan la figura de un caballo y el jinete para describir lo que sucede en la posesión. La persona es el "caballo"; el dios pagano —agente de Satanás— sube a la montura y luego "cabalga".

"Haití es 90 por ciento católico, pero 100 por ciento vudú". Este era un dicho haitiano popular cuando los Orjala llegaron a Puerto Príncipe, la capital de Haití. Orjala escribió: "Los cristianos haitianos creen que el poder del vudú es de origen satánico, y estoy de acuerdo con ellos. Satanás trabaja en distintas formas en diferentes culturas, pero su objetivo es siempre el mismo: Alejar de Dios a las personas".[4]

Paul Orjala resume la actividad demoníaca en tres categorías:

- *Opresión:* Enfermedad física o sicológica de origen satánico (véase Lucas 13:11, 16).
- *Obsesión:* Fascinación con la actividad demoníaca o satánica, al punto de rendirse uno a su servicio (véase 1 Timoteo 4:1; Apocalipsis 9:20-21).
- *Posesión:* Sujeción a la voluntad de un espíritu maligno.[5]

Por tanto, surge la siguiente pregunta: ¿Cómo podemos distinguir entre la enfermedad física o mental, y la posesión demoníaca? Orjala empieza con la siguiente advertencia: "Aun en el tercer mundo, donde la posesión demoníaca se toma como un hecho, relativamente ésta ocurre en raras ocasiones, y no debemos apresurarnos a atribuir todo problema a la obra de espíritus malignos. Tenemos que diferenciar con cuidado entre la posesión demoníaca y los síntomas de enfermedad, neurosis o sicosis, entre histeria, hipnosis, exhibición o una expresión cultural previsible".[6]

Luego añade: "Podemos sospechar, con cautela, que se trata de posesión demoníaca cuando no resultan adecuadas otras razones normales para explicar la combinación de síntomas. El siguiente es un resumen de mis observaciones y las de otras personas:

- *Síntomas de conducta:* Podrían incluir fuerza poco usual, convulsiones, comportamiento agresivo o violento, o ensimismamiento catatónico, acompañado a veces con un idioma desconocido o que no se había aprendido.
- *Síntomas sicológicos:* Conflicto interno evidente, repentinos cambios emocionales o de personalidad, depresión, actitud desafiante, y clarividencia (conocimiento que no se obtiene en forma natural).
- *Síntomas espirituales:* Podrían incluir oposición a las cosas de Dios, reacción o temor al nombre de Jesús, blasfemia, reconocimiento de cristianos maduros y oposición a ellos. La oración quizá afecte los síntomas, ya sea causando calma o mayor agitación".[7]

¿Qué debemos hacer?

¿Despierta esto cierto temor? Por supuesto. Por lo menos, debería hacerlo. Daniel Williams afirma: "Los demonios poseen poder; por eso se les teme. Sólo pueden ser derrotados con poder; por ello deben ser exorcizados".[8] Orjala agrega estas palabras que nos animan: "La liberación repentina es posible por medio de la ayuda divina".

Sin embargo, no vivimos en Haití. Como es obvio, nuestra batalla con el diablo será diferente. Quizá no veamos muchos adoradores de Satanás ni personas poseídas por demonios. Sólo algunos seremos testigos alguna vez de un exorcismo. El Dr. Orjala así lo reconoce cuando vemos completa la idea que inició antes en este capítulo: "Satanás trabaja en distintas formas en diferentes culturas, pero su objetivo es siempre el mismo: Alejar de Dios a las personas". Luego agrega: "En sociedades sofisticadas, en las que la ciencia ha remplazado en gran parte a Dios, la idea de lo sobrenatural —sea bueno o malo— ya se ha rechazado mayormente. ¿Por qué Satanás se arriesgaría a resucitar el concepto manifestando su poder maligno [en especial en la forma de personas poseídas por demonios] en esas sociedades?"[9]

Esto nos lleva nuevamente a las palabras del apóstol Pablo, quien al escribir a los efesios dijo: "No tenemos lucha contra sangre y carne, sino contra... los gobernadores de las tinieblas de este mundo" (Efesios 6:12). Nuestra batalla es espiritual, no física. Tenemos que luchar contra los poderes de las tinieblas.

Esta guerra contra el mal no consiste en fórmulas. A veces pensamos que se puede encontrar un exorcismo (la combinación de palabras "mágicas") que eche fuera al diablo y las tinieblas. Sin embargo, Pablo dijo: "Sean fortalecidos en el Señor constantemente". Esta es la traducción literal de Efesios 6:10. Esta fuerza no proviene de recursos humanos o de fórmulas externas. Se encuentra "en el Señor". Cuando los cristianos viven en comunión con Cristo, conforme a la voluntad divina, no fracasan debido a falta de poder.

Hace unos años enfrentamos una "sorpresa" climática en el mes de octubre: En forma inesperada, cayó una fuerte tormenta de nieve muy húmeda. La nevada causó serios daños en el área metropolitana. Extensas secciones de la ciudad quedaron sin energía eléctrica. Sin embargo, ese no es el cuadro del poder que los cristianos tenemos a nuestra disposición. Los creyentes "constantemente son fortalecidos si están en el Señor". Mientras estén "en Cristo", ese poder no será interrumpido por fuerzas externas.

Veamos una vez más esa promesa en forma de paráfrasis:

> *Por último, recuerden que su fortaleza ha de emanar del gran poder del Señor que hay en ustedes. Vístanse de toda la armadura de Dios, para que puedan resistir las asechanzas del diablo. Nuestra lucha no es contra seres de carne y hueso, sino contra seres incorpóreos —malignos soberanos del mundo invisible, poderosos seres satánicos y príncipes de las tinieblas que gobiernan este mundo— y contra perversas huestes espirituales en el mundo espiritual.*
>
> *Vístanse la armadura completa para poder resistir al enemigo cuando ataque; así, al terminar la batalla estarán ustedes todavía en pie.*
>
> *¡Cíñanse pues el firme cinturón de la verdad y la coraza de la aprobación divina! Su calzado ha de permitir que se apresuren a predicar las buenas nuevas de la paz con Dios. En la batalla precisarán ustedes el escudo de la fe —para detener los dardos de fuego que arroja Satanás—, el casco de la salvación y la espada del Espíritu, que es la Palabra de Dios.*
>
> *Oren en todo tiempo. Pidan a Dios cualquier cosa que esté de acuerdo con los deseos del Espíritu. Presenten sus súplicas, recordándole sus necesidades y las de los cristianos de todas partes* (Efesios 6:10-18, Lo más importante es el amor).

Llegamos así al final de esta etapa en nuestro recorrido, con el consuelo y la seguridad que nos brinda el cuadro bíblico del poder de Dios sobre Satanás y sus huestes. En ningún lugar de la Biblia se apoya la idea del dualismo, esto es, la igualdad de las fuerzas del mal y del bien en el universo. Más bien, la Biblia claramente afirma que el bien y el mal no son iguales. Cualquiera que sea la perspectiva que tengamos del mal en ciertos períodos y lugares específicos de la historia, éste fue vencido en la cruz, una victoria que fue confirmada por la resurrección de Jesús.

Por esa razón oramos con nuestro Señor: "Porque tuyo es el Reino, el poder y la gloria, por todos los siglos. Amén".

---

1. Shelby Foote, *The Civil War: A Narrative* (Nueva York: Vintage Books, 1974), vol. 3, p. 1036.
2. *Kansas City Star,* 6 de junio de 1997, A-22.
3. *Ibid.*, 12 de setiembre de 1997, A-5.
4. Paul Orjala, *This Is Haiti* (Kansas City: Nazarene Publishing House, 1961), p. 70.
5. *Emphasis*, junio, julio y agosto de 1982, p. 21.
6. *Ibid.*
7. *Ibid.*
8. Daniel Day Williams, *The Demonic and the Divine* (Minneapolis: Fortress Press, 1990), p. 15.
9. Orjala, *Ibid.*

Pasajes bíblicos: Isaías 61:1-2; Mateo 1:21; Marcos 1:23; 5:1-20; Lucas 4:16-18, 31-37, 41; 13:11-16; 19:10; Hechos 16:16-18; Efesios 2:12; 6:10-18; Filipenses 2:7; 1 Timoteo 4:1; Apocalipsis 9:20-21.

El **Rdo. Gene Van Note** fue redactor ejecutivo del currículo de escuela dominical en inglés para la Iglesia del Nazareno. Ahora está jubilado y reside en Overland Park, Kansas, E.U.A.

En mi estante hay un libro titulado *Pagans and Christians* (Paganos y cristianos), que incluye un subtítulo extenso: *"La religión y la vida religiosa desde el siglo II d.C. hasta el siglo IV d.C., cuando los dioses del Olimpo perdieron su dominio, y cuando el cristianismo, con la conversión de Constantino, triunfó en el mundo del Mediterráneo".* Por lo general, el término "pagano" se refiere a una época y cultura del pasado lejano. Sin embargo, por razones que no se conocen totalmente, en la cultura del tercer milenio se está dando impulso a un avivamiento del paganismo con todas sus manifestaciones impías. La palabra "pagano" forma parte otra vez del vocabulario en estos tiempos. Los "paganos y cristianos" se encuentran en la misma arena, como ocurrió hace casi 3,000 años.

Capítulo 7

El neopaganismo: La reencarnación de un antiguo problema

Joseph E. Coleson

LA ADORACIÓN A DIOSAS. El satanismo. El ocultismo. La astrología. La espiritualidad basada en drogas. La *sofía*. Los horóscopos. Los gatos negros. El solsticio de verano. La magia blanca. La lectura de la palma de la mano. Gaia. El chamanismo. En cuanto a la forma, la relación que existe entre estas prácticas varía, pero no hay duda de que ellas y muchos otros fenómenos están relacionados. Comparten la misma base teológica no cristiana, ya sea en su esencia, o en la forma en que los sistemas paganos los usan.

El objetivo de este capítulo no es señalar que estas prácticas no son cristianas, y seguir adelante. Tales creencias se han infiltrado en casi todos los niveles de la sociedad, por lo que incluiremos una breve explicación sobre la teología y las prácticas de algunas expresiones comunes del neopaganismo ("nuevo" o "avivamiento del") en Norteamérica. Nuestra intención no es infundir temor o alarmar; en Cristo estamos protegidos de todo ataque, hechicería o cualquier otro daño que se pudiera invocar contra nosotros. Las fuerzas de las tinieblas no pueden causar daño realmente al hijo de Dios. No obstante, el cristiano que está bien informado puede defenderse mejor de las mentiras perennes de Satanás —la definición misma del paganismo— y atacarlo también en forma eficaz.

La creencia teológica fundamental de los sistemas paganos que consideraremos en este capítulo, y que los une conceptualmente, es la idea de que la creación misma —el sol, la luna, las estrellas y todo cuanto existe en la tierra— es dios o una serie de dioses. Tanto en el paganismo antiguo como en el nuevo se deifica y se adora la naturaleza.

Por supuesto, los seres humanos somos parte de la naturaleza; así que, en este sistema de creencias —o conjunto de sistemas de creencias—, también se considera a los humanos como divinos o potencialmente divinos. En el próximo capítulo trataremos de esos sistemas y creencias, agrupados hoy bajo el nombre de "Nueva Era". Esta afirma que los humanos somos dios, que el dios o deidad está en nosotros, y que debemos desarrollarlo. En el presente capítulo examinaremos algunas formas en que se expresa la creencia de que la naturaleza es dios, o que Dios es tan solo la naturaleza.

La adivinación: Flechas, cartas, hígados y runas

Un elemento común en muchos sistemas paganos, tanto antiguos como modernos, es la práctica de la adivinación. Esta, en cualquiera de sus variedades —de las cuales hay muchas—, se basa en la creencia de que los dioses revelan el futuro a los que aprenden a interpretarlo. Algunas formas de adivinación que se practicaban en el Cercano Oriente eran: interpretar el hígado de las ovejas que sacrificaban, observar la trayectoria de las flechas, descifrar la marca que dejaban las flechas al tirarlas de la aljaba al suelo, interpretar la forma de una gota de aceite vertida a un tazón con agua, y otras.

En la antigüedad, todos los métodos de adivinación requerían capacitación especializada, que se transmitía como parte de la educación de los sacerdotes en las religiones de aquellos tiempos. "Leer" el hígado de las ovejas que sacrificaban (práctica conocida con el nombre técnico de *hepatoscopía*) era la forma de adivinación más común e importante en la antigua Mesopotamia. La evidencia ha quedado registrada en miles de figuras de arcilla que representan hígados de oveja. En las figuras hay instrucciones inscritas, las que enseñan a interpretar todas las variaciones que podían encontrarse en el hígado al ofrecer las ovejas en los sacrificios matutinos.

Algunos ejemplos modernos de adivinación son la lectura de las cartas de Tarot, la interpretación de runas (alfabetos misteriosos), la lectura de la palma de la mano o de hojas de té, y mirar en la bola de cristal. Estas y todas las otras formas de adivinación requieren conocimiento especializado para realizar la interpretación. En la adivinación moderna, como en la antigua, la creencia operante es que los dioses o los espíritus han revelado el futuro mediante estos fenómenos, y que las revelaciones están disponibles para todo aquel que aprenda a interpretarlas.

Es importante tener en cuenta que la adivinación no es el intento de controlar, influenciar o cambiar el futuro. Sólo pretende *revelarlo*. Por supuesto, la persona para quien se realiza la adivinación puede entonces tomar la acción apropiada. Si le predicen algo bueno, puede situarse donde eso sucede o prepararse para tomar ventaja de él. Si le predicen algo malo, puede tomar las medidas necesarias para evitarlo o minimizar el daño que pudiera causarle. Aún así, la adivinación en sí no es el intento de controlar el futuro, sino sólo predecirlo.

La magia: Maleficios, maldiciones, amuletos y muñecos

La magia, por el contrario, es el grupo de artes que prometen *controlar* el futuro. Un aspecto de tal control es prevenir eventos específicos que se temen. Puede incluir protección contra peligros mediante el uso de maleficios, amuletos (adornos que supuestamente dan suerte) y otros medios. Ezequiel 13:17-23 es una condenación contra las mujeres que practicaban magia y adivinación. Su magia consistía en amuletos que la persona usaba en la muñeca o en la cabeza, para protegerse de daños y/o para causar daño a los que deseaba destruir.

Esto nos recuerda que también se usa la magia para causar perjuicio a los enemigos de una persona, mediante maleficios, maldiciones, o destruyendo muñecos u otras figuras que representan al enemigo. Cuando el practicante clava alfileres en un "muñeco vudú", cree que la persona representada por el muñeco sufrirá daño, o aun la muerte, cumpliendo así los deseos de quien lo contrató. Estas y otras prácticas podrían llamarse "magia por representación". La persona a la que se maldice debe recibir el mal infligido a la figura que la representa durante el ritual de magia.

En sociedades en las que es común la creencia en la magia por representación, las personas contra las que se realizan los rituales quizá crean también en los poderes del practicante. Si se enteran de que se realizó un ritual para maldecirlas, muchas se enferman y algunas incluso mueren. Se ha debatido si el efecto se debe al poder de la sugestión, o si las fuerzas demoníacas realmente cumplen las órdenes del que practica la magia negra: brujo, chamán, curandero u otro.

En la antigüedad también se practicaba esta forma de magia. En Egipto, los arqueólogos encontraron un grupo de muñecos o figuras. Cada figura tenía inscrito el nombre de una ciudad enemiga y/o el de su rey, juntamente con una maldición deseando la destrucción de ambos. Luego destruían cada figura para que se cumpliera la maldición. Esas maldiciones se conocen como "execraciones", por lo que las figuras, con sus inscripciones, reciben el nombre de "textos execratorios egipcios". Son muy famosos entre los amantes de la historia antigua.

La adoración a diosas

Los descubrimientos arqueológicos en Europa oriental y Asia occidental indican que la adoración a diosas es la forma más primitiva de paganismo. Unas toscas estatuillas de diosas, hechas de cerámica, son los objetos religiosos más antiguos que se han hallado. Las estatuillas indican que, en esas culturas, creían que la diosa conocida como "madre tierra" era responsable de la fertilidad femenina.

Algunos estudios recientes muestran que también se usaban figuras de diosas en la adivinación. En este caso, ponían las estatuillas en el horno a temperaturas muy altas para que se agrietaran. La forma de las grietas determinaba el mensaje, y éste era interpretado por el personal litúrgico, probablemente por las sacerdotisas de la diosa tierra.

Tanto el Antiguo como el Nuevo Testamento registran lo común que era la adoración a diosas. Cuando Israel y Judá eran infieles a Dios, adoraban a Istar, la "reina del cielo", y a Astarot, la manifestación cananea de la diosa tierra. En el período del Nuevo Testamento, la diosa tierra era adorada en Asia Menor como Diana (nombre romano), Artemisa (nombre griego), o Cibeles (su antiguo nombre anatoliano). El templo de esta diosa en Efeso fue una de las siete maravillas del mundo antiguo. Los plateros de esa ciudad, que hacían estatuillas de Diana para los peregrinos religiosos, iniciaron un disturbio contra Pablo. Estaban indignados al ver que mucha gente se estaba convirtiendo al cristianismo, poniendo en peligro sus ingresos económicos (Hechos 19:23-28).

En la actualidad, la adoración a diosas incluye también el culto a la madre tierra. Aún se le considera como la responsable por la fertilidad, pero también se dice que forma en sus adoradores un espíritu más gentil y amable (más "femenino") hacia la tierra y todos sus hijos, incluyendo a los demás seres humanos. El nombre con que más se le conoce en la actualidad quizá sea Gaia. No todos los que llevan en el auto la calcomanía que dice: "Honra a tu madre", son adoradores de la madre tierra, pero algunos lo son.

Otra diosa es Sofía, cuyo nombre significa "sabiduría". En ciertas denominaciones cristianas, algunas personas han intentado establecer a Sofía como la manifestación femenina de Dios, o como el cuarto miembro —femenino— de la Divinidad. Para ello, citan pasajes de Proverbios, donde leemos que Dios "fundó la tierra con sabiduría" (por ejemplo, 3:19-20). La Septuaginta (la primera traducción de la Biblia hebrea al griego, realizada en el siglo III a.C.) traduce el término hebreo "sabiduría" como "sofía", que es la palabra equivalente en griego (sustantivo común), y también el nombre de la diosa (sustantivo propio). Algunas personas consideran que esta es la base bíblica para la adoración a Sofía.

La astrología

La astrología* es otra práctica pagana antigua que aún es popular en el mundo moderno. En forma breve, podríamos definir la astrología como la creencia de que las estrellas, los planetas y otros cuerpos celestes controlan el destino de los humanos (o influyen poderosamente en él). Por tanto, al tomar decisiones, las personas deben tomar en cuenta la posición y alineación de esos cuerpos. Por esta razón, antes de hacer una interpretación, el astrólogo le hace preguntas al cliente respecto al momento de su nacimiento. Eso le indica bajo cuál signo zodiacal nació la persona, incluyendo las posiciones relativas, y el ascenso o descenso de la luna y los planetas en ese momento. Estos son los factores cruciales en el razonamiento astrológico, y determinan cuáles son las oportunidades que debe aprovechar el cliente, y cuáles los riesgos y peligros que debe evitar.

El chamanismo

El chamanismo es la práctica del aprendizaje secreto, la adquisición y el uso de conocimiento esotérico (disponible sólo para algunos), en especial en las áreas del conocimiento espiritual al que sólo tienen acceso los iniciados. Incluye contacto con el mundo de los espíritus, y prácticas "medicinales" que combinan la medicina basada en hierbas, con artes mágicas de sanidad, cuyo objetivo es echar fuera demonios o espíritus malos. Tanto hombres y mujeres pueden ser chamanes. Los curanderos o brujos que se mencionan en muchas historias misioneras eran chamanes. El chamanismo formó parte de la antigua religión céltica de los druidas, de algunas religiones de Europa oriental y de Asia central, de algunas creencias de los indígenas norteamericanos, y aún es parte de ciertas creencias de la Nueva Era y del ocultismo. En la antigua adoración a diosas, las sacerdotisas con frecuencia ejercían el papel del chamán. Asimismo, en ese tiempo y también en prácticas modernas de adoración a diosas, la arpía o bruja —anciana sabia en "la tercera etapa de la vida"— era, entre otras cosas, una chamán.

Halloween [noche de las brujas], solsticios y otras celebraciones llamadas inofensivas

Muchas fechas especiales del calendario se originaron en el antiguo paganismo. Hay algunos factores que determinan si la celebración moderna de las mismas es pagana o no. El solsticio de invierno se celebraba en el norte de Europa; era el día cuando la luz empezaba a vencer la oscuridad otra vez, cuando las horas de luz en el invierno —que son sumamente breves— eran cada vez más prolongadas al acercarse la primavera.

El solsticio de verano se consideraba como un período propicio para hacer contacto con los espíritus, los duendes, las hadas y otros seres. Era un tiempo cuando podía ocurrir la magia buena, pero también se debía ser sumamente cauteloso para evitar problemas.

La "noche de las brujas" o *Halloween* era la noche que pertenecía a los espíritus de los difuntos. Los disfraces de *Halloween* se originaron por la creencia de que, al usarlos, los espíritus que tenían mala intención no reconocerían a las personas que deseaban dañar, y no podrían cumplir su objetivo. La creencia en que las brujas estaban más activas en *Halloween* quizá estaba relacionada con el movimiento de los espíritus de los muertos esa noche.

El uso de drogas como experiencia espiritual

Las drogas se han usado desde tiempos prehistóricos. Cerca del mar Muerto se hallaron pipas y otros objetos que pudieran haberse utilizado para algún tipo de droga. Databan aproximadamente del año 3500 a.C. Asimismo, en tumbas del antiguo Egipto, se descubrieron pequeñas jarras que contenían residuos de narcótico hecho de semillas de amapola.

En la antigüedad, el uso de drogas estaba vinculado con las prácticas religiosas. Lo mismo ocurre en la actualidad con ciertas drogas. La más famosa es el peyote, la droga que emplean en algunos ritos religiosos los indígenas en el oeste de los Estados Unidos. El derecho de usar el peyote ha sido motivo de debate, por lo que se presentó el caso a la Corte Suprema de Justicia de los Estados Unidos. La prohibición contra el uso del peyote, aun con fines religiosos, quizá no detenga a aquellos para quienes la droga forma parte de sus prácticas religiosas chamanísticas.

El peyote, el LSD y otras drogas alucinógenas se usan con fines religiosos porque alteran el equilibrio químico del cerebro. Se cree que tal alteración induce a una consciencia religiosa más elevada, y únicamente en ese estado la persona está capacitada para recibir la iluminación que busca. Se cree que las drogas conducen a un conocimiento y comprensión religiosos más profundos.

La adoración a Satanás

La adoración a Satanás ha surgido en algunos círculos en los que los miembros desean ser religiosos, pero no quieren creer en Dios. A los seguidores de Satanás les fascina el ritual y el misterio, pero muchos odian a Dios y al cristianismo. Por esta razón, muchos de sus rituales y liturgias son como una imagen al revés de las liturgias y los rituales cristianos tradicionales. Piensan que, al invertir las prácticas cristianas, pueden negar el poder divino y destruir al pueblo de Dios. La misa negra incluye el sacrificio de cabras en el altar, actos sexuales en el altar como parte del ritual, la profanación de crucifijos y de otros objetos cristianos, una "comunión" que constituye una perversión deliberada de la observancia cristiana de la Ultima Cena, y otros ritos que son tergiversaciones de prácticas cristianas.

Para los propósitos de este estudio, recordemos que Satanás es también un ser creado. Fue creado como un ser exaltado, como arcángel. Eso es lo que parecen indicar las escasas referencias bíblicas respecto a él. Es posible que haya ocupado la posición más alta en el cielo entre los seres creados, el segundo después de Dios. Sin embargo, codició el lugar máximo y se rebeló contra Dios; por tanto, fue echado del cielo con numerosos subordinados, a los que había persuadido para que se unieran a él en la rebelión.

Cualquiera que sea el significado de los detalles en cuanto al origen de Satanás —y en realidad tenemos muy pocos detalles al reunir todos los relatos—, él es una poderosa fuerza de oposición en el mundo hoy. El nombre Satanás quiere decir "adversario"; en hebreo era originalmente un sustantivo común. Los adoradores de Satanás son los adversarios más directos de Cristo y de la iglesia.

No obstante, la adoración a Satanás es básicamente otra manifestación de la tendencia humana de adorar a la creación y a las criaturas, en vez del Creador. Después de todo, esta criatura caída, Satanás, es tan solo otro ser que en verdad carece de poder frente al Dios creador y sustentador, quien lo hizo bueno antes que se rebelara. Adorar a Satanás es sólo adorar algo de la naturaleza.

Las supersticiones

Algunas personas consideran como "superstición" mucho de lo que hemos visto hasta ahora. Pero, aquí trataremos de ciertas creencias y acciones "pequeñas" o "insignificantes", relacionadas con el deseo de evitar la "mala suerte" y aprovechar las oportunidades de "buena suerte" que se presenten.

Algunas de las cosas que se consideran de "mala suerte" son: Que un gato negro cruce el camino frente a uno, pasar debajo de una escalera, pisar una grieta en la acera, derramar sal, romper un espejo, el día viernes 13, y casi todo lo que tenga ese número. Muchos hoteles no asignan el número 13 al decimotercer piso. Según una antigua creencia rusa, darle un cuchillo a un amigo cortará la amistad entre el que lo da y el que lo recibe; por eso, quien recibe el cuchillo le paga un centavo al otro.

Entre las cosas que se consideran de "buena suerte" se incluye: Encontrar un trébol de cuatro hojas, llevar una pata de conejo, encontrar una moneda de un centavo, y si alguien ha derramado sal, debe echar sal hacia atrás sobre su hombro izquierdo. En las aldeas del Medio Oriente, en el pasado a menudo pintaban de azul las puertas y contraventanas —aún se pueden ver algunas— para proteger la casa del "mal de ojo".

Las bendiciones supersticiosas

Decir "salud" [en inglés, *God bless you*, "Dios le bendiga"] cuando estornuda alguien, parece inofensivo y quizá lo sea. Muchos lo decimos sin detenernos a pensar en lo que significa. Sin embargo, esta costumbre se originó en una antigua práctica pagana en Europa. Se creía entonces que, al estornudar, el alma salía del cuerpo. Para que el alma retornara, quien escuchara el estornudo debía decir: "Dios le bendiga" ["salud"]. De lo contrario, según la creencia, la persona que había estornudado moriría. En la actualidad, muchos de los que usan esas frases quizá no tengan esa creencia ni la conozcan. Si alguien estornuda, la mayoría de las personas dicen "salud" sólo por cortesía.

Algunas personas, al despedirse de otras, o cuando alguien inicia una empresa o proyecto, tienen el hábito de decir: "Buena suerte". Esta costumbre se remonta por lo menos al período del imperio romano. En aquellos tiempos, los romanos invocaban al dios Fortuna para que los ayudara en sus empresas. Hoy, la mayoría de los que dicen "buena suerte" quizá no estén conscientes de esa conexión. Lo que tenemos que preguntarnos es si las personas que usan esa frase creen realmente en la suerte, o si la usan sólo como una frase convencional para expresar buenos deseos.

Los dioses de la sociedad moderna

Después de leer este capítulo, algunas personas quizá piensen que están totalmente desligadas de las prácticas y creencias neopaganas mencionadas. Aunque esto quizá sea sólo una ilusión, es posible que usted y su comunidad no vean los efectos directos de la adoración pagana. No obstante, hay otra forma de paganismo —más sutil y más difundida— que es evidente en todas las comunidades. Paul Tillich, el teólogo y filósofo moderno, describió a Dios como el "Interés Fundamental". Aquello que es de interés fundamental para nosotros es nuestro dios. Para los cristianos, ese interés es Dios mismo. Pero, para muchos todo es su dios, excepto Dios mismo; por ejemplo, el dinero, el trabajo, los deportes, las posesiones y otras cosas. Estos dioses forman parte del sistema pagano de creencias, tal como las formas obvias que mencionamos antes, y quizá sean aún más peligrosos porque son "aceptables". El resultado de este tipo de "adoración" conduce ciertamente a la muerte última, así como cualquier otra práctica de adoración que no le da a Dios el primer lugar.

Conclusión

Este ha sido un estudio breve de las creencias y prácticas que existen en diversas formas en todo el mundo. El denominador común es la creencia de que toda la naturaleza es (o será) dios. Por tanto, toda la naturaleza posee poderes espirituales que pueden actuar para bien o para mal de los seres humanos. Esta galaxia de creencias pueden agruparse bajo el nombre de "panteísmo", que significa "todo es dios".

La creencia es que los humanos que descubren el secreto para obtener el favor de los dioses y espíritus, o para controlarlos, tienen vidas más protegidas y de mayor éxito, y a menudo controlan a otros que tienen menos conocimiento, o influyen en ellos. Los sistemas panteístas prometen éxito y poder personales sobre otros. Estos van acompañados con promesas de inmortalidad, la que por lo general se experimenta como una reencarnación continua y eterna, ya sea en este mundo o en otro mejor. Para aquel que piensa que la sumisión voluntaria a Dios en Cristo es desagradable, exclusivista o demasiado limitada, estas promesas resultan muy atractivas.

*Astrología es un sistema de creencias falsas; no debe confundirse con astronomía, que es un legítimo estudio científico de las estrellas y los planetas.

Pasajes bíblicos: Proverbios 3:19-20; Ezequiel 13:17-23; Hechos 19:23-28.

El Dr. Joseph Coleson es profesor de Antiguo Testamento en el Seminario Teológico Nazareno de Kansas City, Missouri, E.U.A.

El ejército de los Estados Unidos adoptó como lema publicitario la frase: "Sea usted todo lo que puede ser". Este mensaje nos recuerda que si desarrollamos nuestros talentos y capacidades naturales, todos poseemos el potencial para ser personas de éxito. No hay muchos que refuten esta alentadora declaración. Algunos han llevado al siguiente nivel esta motivación para ser "todo" lo que uno puede ser. Usando el término "autorrealización", describen el proceso de permitir que se "realice" todo aquello para lo cual fuimos creados. El problema surge cuando, el deseo de alcanzar nuestro potencial pleno, se convierte en el objetivo supremo de nuestra vida. Cuando esto ocurre, nos situamos nosotros mismos como nuestra prioridad, haciéndonos "dioses". Este es el resumen de la antigua filosofía que ahora llamamos Nueva Era.

CAPÍTULO 8

El desafío de la falsa Nueva Era

Douglas R. Groothuis

VEINTE CRISTIANOS SE ARRODILLARON PARA ORAR en la víspera de Año Nuevo. Habían llegado de diferentes iglesias de Seattle para reunirse en la oficina de un ministerio en el campus universitario. Muchos de ellos nunca antes se habían visto y probablemente no se verían otra vez; pero, los unía un propósito. Esa noche casi no dormirían. Librarían una batalla espiritual; había algo que debían hacer.

Su objetivo era confrontar al movimiento de la Nueva Era con el evangelio. Su blanco era el estadio cerrado de Seattle, conocido como el *Kingdome*. Desde la medianoche hasta las cinco de la mañana, se realizaría allí el Evento Mundial de la Paz patrocinado por varios grupos de la Nueva Era de Seattle. Reuniones similares se estaban llevando a cabo a nivel mundial, con la esperanza de conseguir la paz por medio de la meditación colectiva. Creían que si suficientes personas armonizaban simultáneamente su energía positiva —al mediodía, hora de Greenwich—, se crearía una "masa crítica" de consciencia que a su vez, en forma paranormal, galvanizaría y tranquilizaría la consciencia del planeta y nos lanzaría a una Nueva Era.

La actividad empezó en el *Kingdome* con 20 minutos de "música de la Nueva Era" —sumamente repetitiva—, seguida por 10 minutos de silencio; luego hubo más música hasta que, cerca de las 5:00 a.m., los 7,000 peregrinos entonaron un monótono coro que se escribió para ese evento, titulado "Somos un amor". Al terminar el canto, la fiel multitud levantó las manos... y todo concluyó.

¿Qué está sucediendo?

¿Qué es exactamente el movimiento de la Nueva Era? ¿Cómo ha afectado nuestra cultura?

El movimiento de la Nueva Era no es algo nuevo; es la repetición más reciente de la segunda religión en cuanto a antigüedad: la espiritualidad de la serpiente. Sus primeras enseñanzas sedujeron a nuestros primeros padres en el huerto, despertaron el orgullo humano, y éste dominó.

La oferta fue que abandonaran la forma de vida que les había enseñado Dios, y creyeran la promesa de la serpiente: Que si se rebelaban contra Dios, serían "como dioses" (Génesis 3:5, *antigua versión de Casiodoro de Reina, revisada por Valera, 1602*) y no morirían. En esencia, lejos de Dios obtendrían poder y conocimiento, y no sufrirían efectos negativos. Satanás mintió; Adán y Eva lo obedecieron; y todos morimos.

"El movimiento de la Nueva Era" es un término general que abarca diversidad de personas, organizaciones, eventos, prácticas e ideas. En el aspecto sociológico, no es un movimiento organizado en forma centralizada y con un líder humano. Incluye grupos religiosos, sectas y denominaciones, pero no se limita a ninguno de ellos. Más bien, es una constelación de personas y grupos que comparten ideas similares, anhelando un cambio espiritual y social que dé lugar a una Nueva Era de autorrealización. Por lo general, esto implica desechar el monoteísmo tradicional (judaísmo, cristianismo, islamismo) y el humanismo secular (racionalismo, ateísmo, escepticismo).[1]

Muchas ideas y prácticas de la Nueva Era parecen convincentes pero no son dignas de confianza. Algunos seguidores del movimiento afirman que ciertas disciplinas respetadas, como la física cuántica, apoyan sus ideas, mientras que otros siguen creencias extrañas, sin preocuparse por su respetabilidad intelectual.

Aunque la historia de la religión de la serpiente es antigua y variada, puede decirse que en el occidente revivió con la contracultura, en la década de 1960, en los Estados Unidos y Europa.[2]

En ese tiempo surgieron ideas y prácticas que el consenso cristiano (o el recuerdo de éste) había mantenido a raya. La juventud desechó todo cuanto pudo de la civilización occidental (excepto los estéreos). El occidente dio la bienvenida al oriente y probó sus misterios. Se usaron drogas que alteraban la mente, describiéndolas como liberadoras. La moralidad sexual quedó a discreción de cada persona, y finalmente desapareció casi por completo. Además de introducir nuevos movimientos religiosos, la contracultura avivó las ascuas de ideas orientales, místicas y ocultistas que habían llegado al occidente desde el siglo XVIII.

El movimiento *hippy* quizá haya desaparecido, pero aún perduran los efectos de la contracultura. Tal vez se esté desvaneciendo la era del exótico "guruismo" oriental, pero no así las enseñanzas de los gurús. Lo que antes se mantenía al margen y era poco conocido, ahora está a la vista de todos.

La Nueva Era es más que una moda pasajera, aunque presenta las características de una. Es una corriente cultural que atrae a personas de todos los niveles de vida. Afirma que ofrece realidad espiritual, plenitud y armonía mundial. Sin embargo, esas promesas nacen de lo que resulta ser una falsificación espiritual.

Para distinguir lo genuino de lo falso se requiere de discernimiento bíblico, y no sólo conocer las palabras claves de la Nueva Era. Conocer a fondo lo genuino —el cristianismo bíblico— hace que lo falso quede al descubierto.

A pesar de la diversidad que existe en el movimiento de la Nueva Era, varias de sus ideas unificadoras pueden señalarse como el pensamiento básico. A continuación lo resumiremos en nueve creencias o doctrinas.

El optimismo evolutivo: Un reino falso

El movimiento de la Nueva Era enseña que nos encontramos al borde de un gran salto en cuanto a consciencia, a medida que avanza la evolución. Enfrentamos un tiempo de crisis planetaria y de oportunidad. Algunos seguidores de la Nueva Era proclaman mensajes apocalípticos, advirtiendo que si no logramos un aumento masivo de consciencia, el planeta sufrirá graves catástrofes que lo "purificarán" de todo error. Algunas personas y grupos esperan un líder mundial, a veces llamado (falsamente) "el Cristo", que mostrará el camino a la Nueva Era. Otros hacen hincapié en la dirección personal y rechazan toda guía externa.

Los cristianos siempre hemos confesado al Dios Creador como el Señor de la historia. Recurrimos a El y a su Palabra para encontrar justicia social, así como salvación y santidad personales. Vivimos con la expectativa de que la historia culminará con el retorno literal, físico y visible de Jesucristo, con poder y gloria, y no con una Nueva Era producida por algún proceso evolutivo inmanente.

El monismo: Un cosmos falso

Todos son uno. Uno son todos. El coro del Evento Mundial de la Paz, mencionado antes, decía: "Somos un amor; somos uno". El objetivo del evento era crear "consciencia" de que no hay separación ni límites definitivos; somos tan solo olas en el océano cósmico.

La idea de que todo es uno —monismo— es contraria a la perspectiva bíblica de la creación de Dios, como una admirable diversidad de cosas creadas. Génesis 1:2 relata que al iniciarse la creación de Dios, "la tierra estaba desordenada y vacía". El dio la orden, y la pluralidad se manifestó en árboles, animales, nubes, humanos y un millón de otras cosas. "Y vio Dios todo [plural] cuanto había hecho, y era bueno en gran manera" (1:31). El punto de vista de la Nueva Era, en cierto sentido, intenta retornar al caos y al vacío primitivo, y hundirse en él.

Todas las cosas tienen en común un Creador, y Cristo las sostiene (Hebreos 1:3). En este sentido, vivimos en un *universo*, no en un *multi*verso. Dios unifica la historia conforme a su voluntad, pero la unidad del plan divino no destruye las diferencias en su creación. Asimismo, Jesús enseñó acerca de la unidad de sus seguidores como el cuerpo de Cristo (Juan 17), tal como la enseñó Pablo (1 Corintios 12:12-31); sin embargo, esta unidad no es la unicidad sin diferencias que enseña la Nueva Era. Todas las personas algún día comparecerán ante su Hacedor como individuos. Ninguno será absuelto al desvanecerse en el inmenso "océano de seres".

El panteísmo: Un dios falso y una humanidad falsa

El panteísmo afirma que todo cuanto existe es dios. Ese es un punto de vista impersonal acerca de Dios, "no el Dios personal del judeocristianismo, sino una entidad abstracta que por lo general se escribe con mayúscula, como 'Inteligencia Infinita', 'Principio', etc.".[3] A esta lista podríamos agregar "la Fuerza", "Consciencia", "Energía" y otros nombres. El dios de la Nueva Era no es un ser moral a quien se le adora como ser supremo. No es persona, sino un *objeto* impersonal y amoral. Además, se democratiza la deidad, declarando que todos somos dios.

La transformación de la consciencia: Una conversión falsa

No es suficiente creer las enseñanzas de la Nueva Era. Se tienen que experimentar. A sus seguidores se les exhorta a ser *iniciados*, no sólo estar *interesados*. Muchos medios místicos sirven para lograr ese objetivo, ya sean las técnicas paganas de la meditación, las drogas, el yoga, las artes marciales, el uso de cristales, o experiencias espontáneas como los encuentros "casi de muerte". El objetivo es sentirse uno con todo lo que existe y reconocer la divinidad en uno mismo, llamado a veces el "yo supremo".

En vez de predicar acerca del arrepentimiento por el pecado, la Nueva Era fomenta el despertamiento del yo. Las enseñanzas falsas de la Nueva Era sustituyen la oración (la comunicación con Dios) con la meditación oriental (el recorrido dentro del yo). Exalta la experiencia del yo por encima de la fe en Cristo, por lo que es una falsificación de la genuina conversión cristiana. En lugar de enseñar que necesitamos nacer de nuevo, de lo alto, sostiene que debemos descubrir el yo verdadero, interno y divino que reside en cada uno de nosotros.

Forme su propia realidad: Una moral falsa

La frase "forme su propia realidad" se repite en los círculos de la Nueva Era como premisa básica. Esta idea implica que no estamos bajo ninguna ley moral objetiva. Más bien, cada uno tiene un modo distinto de realizar su potencial divino. Y, puesto que "todo es uno" (monismo), no podemos dividir la vida en categorías, tales como el bien contra el mal. Esto es demasiado dualista; debemos avanzar más allá del bien y del mal para hacer realidad nuestro potencial pleno. Si los seguidores de la Nueva Era declaran absolutos morales, por lo general lo hacen más por instinto que por reflexión. Quizá algunos afirmen que la ley del karma regula las recompensas y los castigos morales en la reencarnación, pero la idea de la moralidad se relativiza o se descarta por completo.

La moral bíblica está fundamentada en el inamovible carácter moral y en la voluntad de un Dios personal, quien promulgó los Diez Mandamientos, no las diez sugerencias. Los cristianos llegan a ser más espirituales en pensamiento, carácter y obras cuando obedecen la voluntad de su Señor, y no tratando de crear sus propias reglas sobre la marcha.

El potencial humano ilimitado: Milagros falsos

Si todos somos dios, entonces las prerrogativas de la deidad están latentes en nosotros. Estamos dotados de capacidades ilimitadas. Somos milagros que sólo esperan poder realizarse. Puesto que no estamos atados por las "fábulas" de antaño —como la finitud humana, la depravación y el pecado original—, tenemos libertad para explorar los horizontes luminosos de la divinidad. Nuestro único problema es la ignorancia. Cuando llegamos a conocer al "dios en nosotros", el resultado es que poseemos poder sobre todas las cosas.

La Biblia nos advierte contra los falsos milagros que Satanás ha planeado en forma malévola. El Creador sobrenatural puede intervenir milagrosamente en su creación, y lo hace, para demostrar que El es real; sin embargo, abundan los milagros falsificados que engañan al mundo.

El contacto con espíritus: Revelaciones falsas

Existe una galaxia de maestros, entidades, espíritus, seres extraterrestres y otros tipos de charlatanes que se comunican mediante la escritura automática o la vocalización a través de un médium, llamado últimamente "canalizador" (un título apropiado para la era de la televisión). La canalización o intervención de los médium siempre se ha vinculado con la Nueva Era, pero en la actualidad está obteniendo mayor popularidad porque los médium se dirigen a audiencias numerosas y realizan extensas consultas privadas.

La canalización de la Nueva Era añade una dimensión "superior" al movimiento del espiritualismo de hace un siglo. Este se contentaba con invocar el espíritu de un pariente difunto, y el propósito era obtener comentarios *postmortem* sobre el lugar a donde había ido al morir. Según un escritor de la Nueva Era, "la nueva clase de canalización" tiene que ver con mensajes que parecen venir de "una fuente superior... que trata con principios o leyes universales".[4] Por tanto, es una falsificación de la profecía bíblica, porque en la Biblia vemos que los verdaderos profetas eran enviados por Dios para proclamar su verdad universal, y no sólo porciones particulares de información.[5]

Tales "revelaciones" nos recuerdan la seria advertencia del apóstol Pablo: "Si aun nosotros, o un ángel del cielo, os anuncia un evangelio diferente del que os hemos anunciado, sea anatema" (Gálatas 1:8). El "evangelio" de los médium promueve la autodeificación, el relativismo y la reencarnación.

Seres de lo alto: Angeles falsos

En gran parte del pensamiento de la Nueva Era no se distingue claramente entre lo extraterrestre y lo espiritual, puesto que la observación de ovnis y aun encuentros "de la tercera clase" se consideran como experiencias místicas. A veces se afirma que los ovnis (y sus pasajeros) manifiestan fenómenos paranormales.

Muchos de los que supuestamente han tenido contacto con ovnis muestran características que son comunes en otras clases de fenómenos ocultistas, tales como los estados de trance, la escritura automática, la observación de cristales, la manifestación de duendes o fantasmas que hacen ruidos, la levitación, el control síquico, la sanidad síquica efectuada por un médium, y experiencias espirituales fuera del cuerpo.[6]

El sincretismo: Una religión falsa

La espiritualidad de la Nueva Era es una combinación ecléctica del misticismo oriental, del ocultismo occidental, del neopaganismo y de la sicología del potencial humano. No obstante, los voceros del movimiento consideran que la esencia verdadera de todas las religiones es sólo una. Invitan a seguir una supuesta verdad mística central que une a todas las religiones: Todo es uno; todo es dios; nosotros somos dios; poseemos potencial infinito; podemos lograr que se inicie la Nueva Era.

Los cristianos rechazamos el sincretismo (la combinación de elementos no relacionados) al menos por tres razones. Primera, hace caso omiso a las diferencias históricas entre las religiones. Segunda, distorsiona el cristianismo para adaptarlo al lecho panteísta de Procusto.[7] Tercera, rebaja a Jesucristo considerándolo como uno entre muchos maestros, una posición que El expresamente negó al declarar que era "el camino, la verdad y la vida" (Juan 14:6).[8]

El movimiento de la Nueva Era no es una moda pasajera, sino una fuerte corriente cultural que no desaparecerá fácilmente. A los cristianos, nos presenta el desafío de desenmascarar y confrontar con amor una poderosa falsificación espiritual.

---

1. Douglas Groothuis, *Unmasking the New Age* (Downers Grove, IL: InterVarsity Press, 1986), pp. 93-109.

2. La mejor crítica cristiana a la contracultura se encuentra en *The Dust of Death*, por Os Guinness (Downers Grove, IL: InterVarsity Press, 1975).

3. Robert S. Ellwood, *Religious and Spiritual Groups in Modern America* (Englewood Cliffs, NJ: Prentice-Hall, 1973), p. 29.

4. Brad Steiger, *Revelation: The Divine Fire* (Englewood Cliffs, NJ: Prentice-Hall, 1973), pp. 42-43.

5. Abraham Heschel, *The Prophets* (EUA: Jewish Publication Society of America, 1962), p. 472.

6. Jacques Valle, *Messengers of Deception* (Nueva York: Bantam, 1980), pp. 33, 224-225.

7. Un plan o patrón de conducta en el que alguien o algo es introducido a la fuerza. [*Nota de la trad.*: Según la mitología, Procusto poseía un lecho grande y otro pequeño. Obligaba a los viajeros altos a echarse en el lecho pequeño, y a los bajos, a echarse en el grande. A los que sobrepasaban la longitud de la cama, les cortaba las piernas. A los bajos, los estiraba para que llegaran a la medida].

8. Groothuis, *Unmasking the New Age*, pp. 146-157.

Pasajes bíblicos: Génesis 1:2, 31; 3:5; Juan 14:6; 17:1-26; 1 Corintios 12:12-31; Gálatas 1:8; Hebreos 1:3.

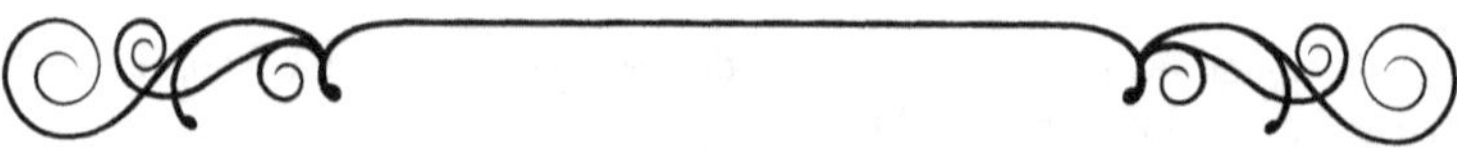

En el principio de Hebreos 11, el conocido capítulo de la fe, leemos esta definición: "Es, pues, la fe la certeza de lo que se espera, la convicción de lo que no se ve" (11:1). Hablamos mucho de la fe cuando nos referimos a nuestro recorrido espiritual. "Fe" quizá sea el término teológico que más se usa en el Nuevo Testamento. Y, sabemos que sin fe nadie verá a Dios; pero, ¿cómo tratamos con algo que "no se ve"? La fe es un aspecto de la vida espiritual que no podemos pasar por alto sólo porque no podemos definirla, puesto que por ella se nos ofrece una ventana a lo sobrenatural. En este capítulo estableceremos algunos puntos básicos y útiles para comprender mejor lo que significa la fe cristiana. Tal como llamó a Pedro, el Señor nos llamará a "caminar sobre las olas" para fortalecer nuestra fe en Aquel que ofrece su mano invisible a los que creen en El.

CAPÍTULO 9

La fe cristiana

Mark A. Holmes

EN LA CASA DE MIS PADRES, en una esquina del sótano, hay un lugar donde almacenan alimentos. Tienen allí también una vieja refrigeradora en la que guardan refrescos. En muchas ocasiones, cuando fui a visitarlos, bajé para sacar un refresco. Aunque no diría que esa caminata es un peregrinaje, en cierto sentido es una expresión de fe. Me dirijo allí creyendo que es verdad lo que dicen mis padres: que encontraré refrescos en ese lugar de la casa. Ellos podrían mentir. Quizá no haya refrescos, refrigeradora, alacena ni aun sótano bajo la casa. Voy a aquel lugar por lo que ellos afirman. Para comprobar su veracidad, sólo tengo que usar mis cinco sentidos, abrir la puerta al sótano, bajar por la escalera, caminar hacia la esquina y abrir la refrigeradora. Hasta ahora siempre he hallado el refresco prometido, aunque a veces me haya decepcionado la selección.

Por supuesto, sé que encontrar un refresco en la refrigeradora del sótano no constituye un gran salto de fe. Sin embargo, revela que aun en las más simples actividades cotidianas, ejercemos cierta medida de fe.

La fe es el medio por el cual aceptamos como real algo que no podemos verificar por medios naturales. En el contexto cristiano, es el medio por el cual nos relacionamos con Dios. El autor del libro de Hebreos la define como "la certeza de lo que se espera, la convicción de lo que no se ve" (11:1). La fe, según esta declaración, es el medio por el cual aceptamos que es real ese mundo que existe más allá del ámbito natural, un mundo cuyos límites no podemos percibir con los sentidos ni verificar con la razón. A ese ámbito lo calificamos de sobrenatural porque trasciende la naturaleza misma. Los cristianos creemos que Dios mora en lo sobrenatural, y que existe como siempre lo ha hecho y siempre lo hará, fuera del alcance de nuestros sentidos naturales. A Dios no lo podemos ver, tocar, gustar, oír u oler, pero la fe nos permite aceptar su existencia como una realidad.

Esta fe no es el resultado de especulación sino de revelación. La revelación es lo sobrenatural que se manifiesta ante nosotros en formas que podemos comprender, y nos es dada en diversas maneras. La *revelación natural* es la que experimentamos al observar algún aspecto de la creación, y nos lleva a percibir que, más allá de la experiencia inmediata, existe una verdad mayor. Se manifiesta cuando contemplamos la puesta del sol, una montaña, o el cielo en la noche, despertando en nosotros la consciencia de que, detrás de todo lo que vemos, existe un ser divino.

Otra forma es la que llamamos *revelación especial*. Esta por lo general no es tan definida, y se recibe mediante impresiones, sueños, consciencia mental, visiones, voces y otros medios. La revelación especial se produce cuando Dios irrumpe en nuestro mundo físico con un acto o mensaje que comunica alguna verdad.

Una tercera fuente mayor de revelación es la *Biblia*. Los cristianos creemos que la Biblia es el Libro que Dios inspiró en forma sobrenatural, guiando a autores humanos para que lo escribieran. Asimismo, creemos que Dios nos revela su naturaleza y su voluntad mediante las enseñanzas y los relatos de la Biblia.

Aunque Dios se revela a nosotros en estas diversas formas, aún se requiere fe de nuestra parte, como creyentes, para aceptar que son verdaderas. La fe es el principal componente de la vida cristiana, porque mediante ella entendemos y experimentamos a Dios, su voluntad para nosotros, y su interacción benevolente en el mundo y en nuestra vida personal. Dios ha hecho muchas revelaciones que han llegado a ser la base de lo que creemos acerca de El. Estas expresiones son elementos distintivos de la fe cristiana, los cuales establecen la singularidad de nuestras creencias, por encima de las afirmaciones de otras religiones y en oposición a ellas. Comprender lo distintivo de estas revelaciones nos ayuda a ver claramente lo que creemos y el porqué. Para entender mejor los distintivos de la fe cristiana, consideremos algunas de las revelaciones principales que ha hecho Dios.

Dios como Creador y como Persona

De primordial importancia en la fe cristiana es la creencia de que, en el ámbito de lo sobrenatural, existe una persona divina a quien llamamos Dios. Aunque El es supremo y ejerce una poderosa influencia sobre su creación, de continuo comparte su existencia como persona. No es un poder inanimado ni una fuerza impersonal, sino una realidad personal. Para ayudarnos a comprender esta verdad, en la Escritura Dios se refiere a sí mismo usando expresiones personales: El es nuestro *Padre* (Deuteronomio 32:6; Salmos 2:7; Isaías 63:16; Jeremías 3:19) y nuestro *Pastor* (Génesis 49:24; Salmos 23:1; Isaías 40:11).

Sus referencias más predominantes en la Escritura se hacen con pronombres masculinos, presentando así su identidad como masculina, aunque algunos pasajes muestran que Dios reúne las mejores cualidades masculinas y femeninas; muchas de las figuras bíblicas de Dios muestran aspectos "maternales" en su amor (por ej., como la gallina que junta a sus polluelos). También se nos dice, en Génesis 1:26, que fuimos creados a la imagen de Dios. Esto no quiere decir que Dios tenga apariencia humana, sino que sus atributos personales se reflejan en nuestra facultad para razonar, amar, apreciar la hermosura, planificar, mostrar compasión y otras capacidades. Estas son características que vemos en las personas y se originan en Dios.

Los cristianos creemos que el carácter personal de Dios tiene tres expresiones conocidas como la Trinidad: el Padre, el Hijo y el Espíritu Santo. Cada uno de estos es Dios, y a la vez es una expresión singular que revela a Dios ante la humanidad, permitiendo que nos relacionemos con El por fe.

Jesucristo el Hijo

Jesucristo es el "Hijo" en la Trinidad divina. El cristianismo siempre ha sostenido que El es completamente Dios, pero se hizo completamente humano y vivió entre nosotros. Algunos movimientos no aceptan esta verdad, puesto que la razón humana no puede comprenderla. Por el deseo de explicarla, se han formulado puntos de vista que minimizan la divinidad de Jesús (dicen que fue un buen maestro, profeta o dios inferior), o minimizan su humanidad (afirman que Jesús era Dios pero no hombre; sólo tuvo la apariencia de hombre). Si Jesús no era Dios sino un buen hombre, no podía ser el sacrificio eficaz por los pecados de la humanidad. No importa cuán bueno pudiera haber sido, ninguno que es meramente humano está libre de pecado (Romanos 3:9-18, 23). Por tanto, no hubiera sido un sacrificio puro para expiar el pecado de la raza humana. Su muerte hubiera sido el castigo que merecía, como en el caso de todos nosotros.

La fe cristiana sostiene que Jesucristo, siendo a la vez completamente Dios y completamente humano, vino a la tierra por dos razones principales: *(1)* Para revelarnos la naturaleza de Dios mediante su vida (Juan 14:9; 10:30, 38); y *(2)* para llevar a cabo el plan divino de salvación —determinado desde antes de la creación— por medio de su muerte voluntaria y expiatoria por los pecados de la humanidad (Efesios 1:3-14). Este sacrificio por los pecados es un asunto de fe. Cuando por fe declaramos que Cristo murió por nosotros, nuestros pecados son perdonados.

El hecho de que Jesús haya muerto por nuestros pecados no significa que ya no exista. Los cristianos creemos que el Padre lo resucitó de los muertos y que restauró en El, no sólo la vida, sino, mediante su ascensión de regreso al cielo, también la gloria plena que tenía en la eternidad (Efesios 1:19-23).

El Espíritu Santo

Creemos que el Espíritu Santo, como la tercera persona de la Trinidad, está activo en el mundo presente. Aunque nos referimos a El como Espíritu, no debemos olvidar su identidad como persona. El Espíritu Santo no es un objeto sino una persona: El. No es una fuerza o influencia, sino una entidad personal que se relaciona con la humanidad.

Es necesario indicar una marcada diferencia respecto a la influencia santa de Dios en la humanidad. Tal como fue popular en la antigüedad, ahora se habla otra vez de adquirir consciencia de la presencia e influencia de Dios en este mundo y en nuestra vida. Especialmente el movimiento de la Nueva Era lo promueve. Sin embargo, su explicación de esta consciencia es errónea, afirmando que es reconocer en nosotros mismos una entidad divina que es natural o innata. Se nos insta a adquirir consciencia de lo divino en nosotros, pero el Espíritu Santo no es parte innata de la raza humana. El es una persona aparte, que entra y mora en el creyente.

La presencia del Espíritu Santo se recibe por un ejercicio de fe, el cual requiere que aceptemos que la promesa de Jesús a sus discípulos es verdadera. Sin embargo, no ocurre sin validaciones. La presencia del Espíritu de Dios se confirma de varias formas. Hay un testimonio personal que el Espíritu da al creyente: "El Espíritu mismo da testimonio a nuestro espíritu, de que somos hijos de Dios" (Romanos 8:16). También tenemos el fruto del Espíritu del que habla Pablo en Gálatas 5:22-23, que influye en la personalidad del creyente con amor, gozo, paz, paciencia, benignidad, bondad y otras virtudes. Además, la presencia del Espíritu Santo se manifiesta mediante habilidades llamadas "dones", que se conceden al creyente a fin de equiparlo para el ministerio (Efesios 4:11-13).

La iglesia

Fácilmente podemos caer en el error de limitar lo que se comprende como iglesia, refiriéndonos sólo al templo, a un grupo de personas, o aun a una denominación o movimiento. En el sentido más amplio, "iglesia" es el título que Dios da a sus hijos en todo el mundo. La palabra griega original que se usa en la Escritura es *ecclesia*, que literalmente significa los "llamados". El cristiano es llamado cuando el Espíritu Santo revela lo que Dios ha provisto para nuestra salvación y comunión. Para aceptar la salvación, el requisito es que respondamos con fe, saliendo de la vida pecaminosa en la que estábamos, renunciando a la conducta errada del mundo, y viviendo conforme a las normas del reino de Dios. La iglesia es el lugar provisto por Dios en el que debemos congregarnos, hallar nuestra identidad, adorar al Señor, y apoyarnos unos a otros (Hebreos 10:24-25).

El perdón de los pecados

Para el cristiano, el perdón de los pecados quizá sea el área más importante en el que entra en juego el ejercicio de la fe. El pecado, como lo entendemos en el cristianismo, es la transgresión de la voluntad de Dios: al hacer lo que está prohibido, o al no hacer lo que El nos ordena. Dios es perfecto y no hay pecado en El, ni puede considerar el pecado sin pronunciar juicio contra éste. Como afirma la Escritura, toda la humanidad ha pecado delante de Dios (Romanos 3:23); por tanto, todos merecemos recibir el juicio divino. Estas circunstancias aún permanecerían invariables si no fuera por el gran amor de Dios, quien proveyó el medio para que pudiéramos escapar del juicio si pedimos perdón por nuestros pecados. Este perdón es posible gracias a la muerte de Jesucristo. Si aceptamos esta verdad por fe, Dios nos perdona en vez de juzgarnos.

Efesios 2:5 y 8 revelan dos palabras efectivas para la interpretación cristiana de la salvación: *gracia* y *fe*. La gracia es un favor inmerecido. Dios tendría todo el derecho de juzgarnos severamente por los pecados que hemos cometido contra El. Sin embargo, por su amor y el sacrificio de Cristo, El escoge ofrecernos su favor inmerecido y proclamar que somos perdonados, haciéndonos así sus hijos. No merecemos este tratamiento misericordioso. Por eso reconocemos que es un acto de gracia. No hay nada que podamos hacer para obtener la salvación, excepto estar dispuestos a aceptar este acto de gracia y reconocer que proviene de Dios.

La resurrección del cuerpo

Una enseñanza distintiva del cristianismo respecto al destino del individuo después de la muerte, tiene que ver con el estado del creyente al ser resucitado. La confusión se debe a la influencia de antiguas ideas griegas que se introdujeron en nuestras creencias. Los griegos sostenían que había una marcada división entre el mundo físico y el no físico, la cual se debía mantener. La carne y el espíritu no eran tan solo dos entidades de existencia distintas, sino que eran opuestas y estaban en conflicto. Según los griegos, la carne era mala y el espíritu era bueno. La tarea del ser humano era vivir de tal modo que, con el tiempo, se librara de la maligna prisión de la carne para ser un espíritu libre, sin la carga de la carne pecaminosa. Al morir, los que alcanzaran esta pureza de espíritu serían liberados de la carne, permitiendo que sus espíritus retornaran al cielo.

De acuerdo con una moderna interpretación cristianizada de la influencia griega, el alma se libera de la carne cuando muere y retorna a Dios. Sin embargo, en la Biblia Dios revela que la resurrección no consiste en liberar al espíritu de la carga de la carne, sino que el alma estará en un cuerpo nuevo y singular. El ejemplo principal que tenemos es el de Cristo después que resucitó. Según los relatos, es obvio que no fue un espíritu o fantasma que se apareció a sus seguidores. Tenía forma y sustancia. Se da a entender que María Magdalena hubiera podido tocarlo en la tumba (Juan 20:17). Jesús caminó y dialogó con los confundidos discípulos en el camino a Emaús, y más tarde les reveló quién era al partir el pan mientras comían juntos (Lucas 24:13-35). El instó al incrédulo Tomás a que tocara sus manos heridas y metiera la mano en el costado abierto (Juan 20:26-27). Encendió una fogata y les preparó desayuno a los discípulos en la orilla del mar de Galilea (21:9-10). Esto muestra que, después de la resurrección, Jesús era más que espíritu; también tenía cuerpo. De acuerdo con las normas terrenales, era un cuerpo diferente, puesto que podía aparecer y desaparecer (20:19).

La vida eterna

Casi todas las religiones tienen alguna creencia respecto a la existencia eterna de la humanidad. Para algunas, la vida eterna es un proceso por el cual uno retorna a este mundo para vivir como otro ser humano, o como alguna otra criatura. Esta creencia, conocida como "reencarnación", interpreta la vida eterna como la experiencia continua del mundo presente en diferentes formas y en distintas épocas. El cristianismo no cree en la reencarnación, porque la Biblia enseña que la vida después de la que experimentamos ahora, pertenece al ámbito sobrenatural. La humanidad morirá sólo una vez, y después compareceremos ante Dios para conocer nuestro destino eterno (Hebreos 9:27).

Para el cristiano, la vida humana es eterna. Una vez concebida la vida, cada persona experimenta diferentes estados de existencia, pasando de uno a otro mediante distintos procesos, pero la vida es una realidad continua y eterna. Desde la concepción, la vida empieza a experimentar el misterio de la gestación, el proceso que nos transforma de una célula, a la forma de millones de células que estamos acostumbrados a ver cada día. Al nacer, nuestra existencia es transferida del ambiente de la matriz, a la nueva experiencia de la vida en este mundo. Al morir, pasamos por una transición, en la que nuestras entidades vivientes se mueven de este cuerpo presente, que ya ha fallado, al cuerpo espiritual que Dios provee. En este estado experimentaremos la eternidad, la vida sin fin.

La pregunta para los cristianos no es *si* viviremos para siempre, sino *dónde* viviremos. Como se explica en la Biblia, al concluir nuestra vida en la tierra, somos llevados con un cuerpo espiritual ante la presencia de Dios, quien pronuncia cuál es el destino que merecemos. Aquellos que han aceptado la salvación por medio de Jesucristo, son recibidos en el reino preparado para disfrutar de comunión eterna con Dios. A los que han despreciado la gracia de la salvación, se les otorga su deseo: Vivir lejos de la influencia y de la bendición de Dios. El infierno es su lugar de destierro, y allí morarán en tormento por la eternidad.

La oración

La oración es aquella experiencia bendita que practicamos los cristianos, por la cual podemos comunicarnos directamente con Dios. Es una actividad tan común que a menudo ni pensamos en lo increíble que es ese privilegio, o lo tratamos de modo trivial. Si en verdad comprendiéramos en qué consiste la experiencia de la oración, quizá cambiaría nuestra actitud en esa área.

La oración es la actividad que nos permite entrar en la sala del trono de Dios y hablar con el Rey de reyes y Señor de señores, como lo haríamos con nuestro padre.

Nunca he estado en la Casa Blanca de Washington, D.C. Tal vez algún día haga el recorrido que se ofrece al público, pero dudo que me conduzcan ante el presidente que vive y trabaja allí. Aunque quisiera hablar con él, es poco probable que me conceda un momento de su valioso tiempo. Sin duda me referirían a uno de sus asistentes. Cuando se trata de la oración, no hablamos del presidente de los Estados Unidos. Al orar, nos comunicamos con el Creador del universo; Aquel que habló e hizo que todas las cosas fueran creadas; y que, con la misma facilidad, podría ordenar que todo cesara de existir. A este Creador tenemos libre acceso.

La hermosura de la oración es que podemos llegar a Dios el Padre porque su Hijo, Jesucristo, está de continuo en su presencia, intercediendo por nosotros. La evidencia ante el Padre son las heridas que lleva nuestro Salvador por amor a nosotros. Carlos Wesley captó esta escena en su himno "*Arise, My Soul, Arise*" (Levántate, alma mía).

Cinco heridas lleva El,
que recibió en la cruz.
Elevan por mí
ferviente oración.
"Perdónalo, perdónalo.
Al rescatado pecador
no dejes morir, Señor".

Los cristianos entramos sin temor a la sala del trono de Dios el Padre, porque lo hacemos por los méritos y el sacrificio de Jesucristo, su Hijo y nuestro Intercesor. Por eso es apropiado que, al orar, incluyamos la declaración de que nos acercamos a Dios por medio de su Hijo Jesucristo. Podemos entrar a la presencia del Padre y ser oídos, sin temor a que nos juzgue, porque acudimos a El cubiertos con la sangre de Cristo. Dios siempre da la bienvenida a los que se presentan ante El de esta manera.

De acuerdo con la expresión plena de la Trinidad, hemos visto que el Padre recibe nuestras oraciones, y que Jesús es el medio por el cual se nos concede acceso a Dios. El Espíritu Santo es el medio por el cual oramos. En esta provisión vemos el inmenso amor de Dios. El conoce tan bien nuestras limitaciones e incapacidades que ha hecho provisión para cada aspecto de la comunión con El, aun para la vida de oración. Es por el Espíritu, o en el Espíritu, que podemos orar con eficacia. A la vez que el Espíritu nos da a conocer lo que siente y piensa Dios, también le da a conocer a El lo que sentimos y pensamos nosotros (Romanos 8:27), aun en aquellos momentos cuando no podemos decir nada por la intensidad de nuestro dolor. La promesa divina es que el Espíritu Santo intercede por nosotros con gemidos (8:26).

Creo que fui testigo de este hecho en los inicios de mi ministerio. Un hombre perdió a su esposa y a sus tres hijas en un trágico accidente automovilístico. De esta familia formada por seis miembros, sólo quedaron el padre y un hijo. Después de ministrar en el funeral, caminé detrás de este hombre afligido por el dolor mientras lo conducían de la iglesia al automóvil que lo llevaría al cementerio. Mientras avanzábamos, escuchaba que con cada paso que daba él, surgía un gemido de lo más profundo de su ser. De inmediato percibí que no eran sonidos meramente humanos, y recordé las palabras del apóstol Pablo. ¡Qué privilegio es la oración para aquellos que creen! Tenemos un Dios todopoderoso que nos ofrece audiencia en cualquier momento; un Sacrificio divino que intercede por nosotros con su sangre; y un Consolador que siempre está con nosotros, haciendo posible que aun nuestros más débiles intentos lleguen a ser una conversación con Dios.

Hay tanto que se podría decir respecto a la bendición y la experiencia cristiana de la fe. Literalmente, no existe ningún aspecto de nuestra relación con Dios que no esté influenciado y controlado por ella. Es el medio para creer y aceptar lo que no se puede verificar en este mundo; es una ventana a lo sobrenatural. Asimismo, es el medio por el cual recibimos el beneficio de la plena provisión y experiencia de Dios en nuestra vida. Al aceptar estas distinciones singulares de la revelación de Dios para nosotros, por medio de la fe, nuestra vida es transformada y enriquecida por Aquel en quien ponemos nuestra fe.

Pasajes bíblicos: Génesis 1:26; 48:15; Deuteronomio 32:6; Salmos 2:7; 23:1; Isaías 40:11; 63:16; Jeremías 3:19; Lucas 24:13-35; Juan 10:30, 38; 14:9; 20:17, 19, 26-27; 21:9-10; Romanos 3:9-18, 23; 8:16, 26-27; Efesios 1:3-14, 19-23; 2:5, 8; 4:11-13; Hebreos 9:27; 10:24-25; 11:1.

El **Rdo. Mark A. Holmes** es el pastor de la Iglesia Wesleyana de Darrow Road en Superior, Wisconsin, E.U.A.

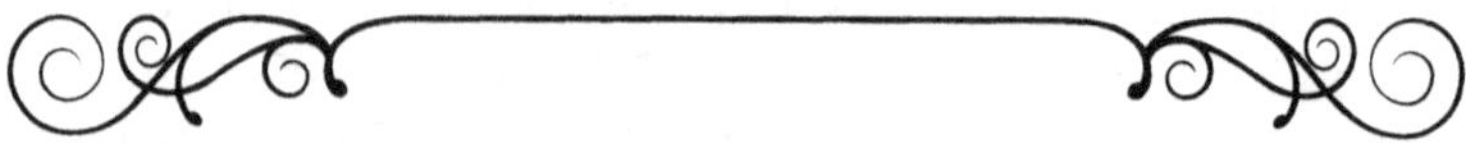

Siempre era divertido ir a la casa de mi abuelita. Había tantas cosas interesantes que ver y tantos aromas agradables; cada uno dejó una marca indeleble en mi mente infantil. Algo en especial atraía mi atención poderosamente. Era una pequeña placa negra con letras doradas que mostraba el conocido lema cristiano: "La oración transforma las cosas". A menudo he tenido que depender de esta verdad, cuando la oración era lo único que podía cambiar lo que necesitaba cambio. En el transcurso de los años, muchas veces he meditado en esa frase, y aún es verdad. La oración realmente transforma las cosas. No obstante, al madurar en mi caminar con Cristo, creo que he descubierto un lema que es quizá más importante, y tal vez más cierto que el que leía en la casa de mi abuelita: La oración me transforma a mí. El aspecto central en la oración es el deseo de salvar el abismo espiritual que existe entre lo divino y lo humano, y que la voluntad de Dios esté en completa armonía con nuestro corazón y nuestra mente.

CAPÍTULO 10

La oración cristiana

George Lyons

DICHO EN FORMA SENCILLA, la oración es la comunicación del ser humano con Dios. Lo que nos interesa es conocer la forma apropiada de orar como cristianos, y qué podemos esperar de la oración. ¿Cómo debemos orar y qué hace la oración?

En cierto sentido, la oración es inevitable. Ya sea que uno lo desee o no, que lo crea o no, Dios existe. Y todos —estemos conscientes de ello o no— vivimos, nos movemos y existimos en la presencia ineludible de Dios. El conoce muy bien cada palabra que pronunciamos, cada pensamiento que cruza nuestra mente, y cada aspiración que abrigamos. Hay ocasiones en que estamos más o menos conscientes de la presencia de Dios, pero no existe lugar alguno en el que no esté El (véase Salmos 139:7-12). Ya sea que lo admitamos o no, los humanos vivimos en total dependencia de Dios. Sólo El es el Creador. Todo lo demás es su creación, y El lo sostiene con su poder y providencia. En forma explícita o implícita, bien o mal, todos oramos.

Algunos, con hechos o con palabras, dicen: "Dios, no me importa lo que Tú quieras. No te necesito. No te quiero en mi vida. Déjame solo". Dios escucha esas oraciones equivocadas. Y, aunque no impone su presencia en la consciencia de esas personas, tampoco las abandona, a pesar de su rechazo. Si lo hiciera, ellas dejarían de existir.

Otros, con hechos o con palabras, dicen: "Dios, dame lo que quiero, pero déjame vivir como me plazca". Dios quizá responda esas oraciones egoístas. Pero, sin El, ni los deseos más profundos de nuestro corazón pueden satisfacernos en verdad.

Hay otros que, con hechos o con palabras, dicen: "Dios, te necesito más que a la vida misma. Lejos de ti, mi mundo se desmoronará. Sálvame". Y Dios escucha esas oraciones desesperadas.

Todos oramos. La pregunta no es *si* oramos, sino *qué tan bien* lo hacemos. Orar bien no tiene que ver con la precisión, la posición o el lugar. Más bien, requiere que tengamos en mente a la Persona a quien oramos y el propósito de la oración.

La precisión, la posición y el lugar de oración

Para orar no necesitamos tener a mano un diccionario de sinónimos y escoger las palabras para lograr el sentido preciso que tratamos de comunicar. Lo importante no es el vocabulario o la gramática de la oración. No necesitamos tomar clases de lenguaje y oratoria para formar correctamente cada frase. Dios conoce nuestro corazón. El Espíritu Santo puede tomar aun los gemidos sin sentido de la persona que no sabe qué suplicar, e interpretar sin error esas oraciones delante del Padre (véase Romanos 8:26-27).

Cada cultura percibe a su manera cuál es el lenguaje de oración apropiado. La Biblia se escribió en el transcurso de miles de años, y la gente de la cual leemos allí fue influenciada por diversas culturas. Por tanto, no debe sorprendernos que la Biblia mencione varias posiciones que se pueden adoptar al orar. Ya sea que oremos con las manos alzadas y mirando hacia arriba; o con las manos juntas, la cabeza inclinada y los ojos cerrados; de pie, arrodillados o postrados en el piso, todas estas expresiones no verbales son parte del acto de comunicación que llamamos oración. Las diferentes expresiones corporales al orar comunican nuestra súplica ante Dios, la dependencia en El, la reverencia, la humildad o la sumisión ante Dios. Como lo demuestran los ejemplos bíblicos, no existe una posición "correcta" para orar.

La Biblia, asimismo, nos muestra que el pueblo de Dios elevó oraciones en diversos lugares: adentro y afuera, en desiertos áridos y cimas de montañas, en cuevas y campos abiertos, en tierra y mar, en santuarios y en lugares comunes. Tal parece que no hay ningún lugar donde sea inapropiado orar.

Las oraciones correctas

Entonces, ¿para qué hablar de este tema? Hay muchas formas de orar, y la repetición de palabras que suenan piadosas no es lo que constituye la oración. Pero, hay formas incorrectas de orar y debemos evitarlas. Jesús dijo a sus discípulos que no oraran como los hipócritas. En el idioma griego secular, el término *hypokritai* se refería a los actores. Los hipócritas eran personas que oraban para impresionar a otras, y no tanto para hablar con Dios. ¿Era la piedad de ellos una charada, una forma de actuación para engañar a los demás?

Parece que el problema de los hipócritas no era que no practicaran lo que predicaban. Su falta no era que exhortaran a los demás a orar y ellos no lo hicieran. Por el contrario, les agradaba orar, pero su motivación era incorrecta. Lo malo no era que oraran de pie ni el lugar donde oraban, "en las sinagogas y en las esquinas de las calles" (Mateo 6:5). El problema era que sus oraciones eran largas, presuntuosas, y no tomaban en cuenta a Dios (Lucas 20:47).

La oración pública. Aunque Jesús prefería orar a solas (véase Lucas 3:21-22; 9:18, 28; 11:1; Juan 11:41-42), los evangelios relatan que a veces oraba en lugares donde muchos testigos podían verlo y escucharlo. Sus primeros seguidores oraban en público (véase Mateo 18:19; Marcos 11:17; Hechos 1:24; 3:1; 14:23; 1 Corintios 14:13-19). Obviamente fue en presencia de un grupo donde Jesús pronunció por primera vez la oración que conocemos como el Padrenuestro (Mateo 6:9-10). Por tanto, no debe sorprendernos que este modelo indique que la oración es corporativa. Se nos enseña a decir "Padre nuestro", no "Padre mío".

La oración privada. Jesús exhortó a los discípulos para que oraran en su "cuarto" (Mateo 6:6). Esta palabra podría referirse a un lugar de almacenaje, pero es más probable que denote una habitación en el interior de la casa, donde la persona no sea perturbada por la actividad en el exterior: un lugar tranquilo y privado para la oración personal. Jesús se oponía a que usaran lugares públicos para elevar oraciones privadas, tal como hacían los judíos "piadosos" de su época. El tiempo devocional es un momento de comunión íntima con Dios, y no la ocasión para hacer alarde de espiritualidad.

Jesús dio a entender que sus discípulos disfrutarían de una relación muy cercana —personal y privada— con Dios, quien "está en secreto" (6:6). A Dios podemos encontrarlo en todo lugar, aun en lugares cerrados. Y El conoce todo lo que hacemos, aun lo que hacemos en secreto.

Jesús promete que el Padre recompensará las oraciones que se eleven en privado (6:6). Esto parecería garantizar que los discípulos recibirían todo lo que pidieran, por lo menos si estaba de acuerdo con la voluntad de Dios (véase Mateo 7:7-11; 1 Juan 3:21-22; 5:14-15). Pero, en este contexto, más bien significa que Dios, a diferencia de los admiradores humanos, reconoce lo genuino de nuestra espiritualidad. La recompensa de la oración es la comunión privada con Dios, aun cuando no recibamos exactamente lo que hemos pedido.

La hipocresía. El problema con las oraciones de los hipócritas era que éstos procuraban orar en ciertos momentos y lugares donde la gente los pudiera ver. Buscaban una audiencia de admiradores, no una audiencia con Dios. Sus motivos para orar eran erróneos. Cuando obtenían la admiración que esperaban de la multitud, esa era su única recompensa. No podían esperar nada más de Dios. La hipocresía que Jesús condenó en Mateo 6 no era un engaño consciente. Quizá los únicos engañados por esos hipócritas eran ellos mismos.

Hace 30 años, durante una conferencia de la iglesia, no podía creer lo que estaba viendo cuando un grupo de cristianos, que ocupaban una mesa en el restaurante, se arrodillaron al lado de sus sillas y oraron en voz alta antes de servirse los alimentos. Sinceramente, dudo que en sus casas oraran en esa forma ostentosa. Dios es el juez —no yo— respecto a si sus oraciones eran sinceras, o si sólo querían impresionar a los demás con su "testimonio cristiano". Por otro lado, con tristeza debo admitir que, en más de una ocasión, he inclinado la cabeza antes de comer y no he dicho ni una sola palabra genuina de gratitud a Dios. Después de años de repetir oraciones por hábito, éstas pueden llegar a ser oraciones hipócritas: una mera demostración externa de piedad que en realidad no se comunica con Dios.

Jesús esperaba de sus discípulos algo distinto, y no una exhibición de piedad pública (véase Mateo 5:20). No le interesaba la *reputación* de ellos como personas religiosas, sino su verdadero carácter. La opinión de Dios respecto a ellos era más crucial que las opiniones de otras personas.

Las oraciones paganas. Jesús también advirtió a sus discípulos que no oraran "como los gentiles" (6:7). Los discípulos no debían orar esperando así captar la atención de Dios.

Aquellos que no conocen a Dios usan "vanas repeticiones" al orar. La palabra griega que se usa aquí se deriva de *battalogeo*, que es una palabra compuesta. La segunda parte se refiere al hablar. La primera no tiene una definición precisa. Es una palabra que suena como aquello que significa, tal como las palabras "piar" y "miar o maullar" en español. Para los que hablaban griego, el idioma de los bárbaros sonaba como "batta, batta, batta". De hecho, el término griego *barbaros* es otro ejemplo, pues significa uno que dice "bar-bar".

El problema con las oraciones paganas era que resultaban sólo "repeticiones sin sentido" (*Biblia de las Américas*) o "palabras inútiles" (*Nueva Versión Internacional*). Si la enseñanza era que, al orar, se evitara la palabrería sin sentido, la advertencia de Jesús podría tratar del mal uso de la glosolalia, o hablar en lenguas (véase 1 Corintios 14:14-15). Más adelante en el Sermón del Monte, Jesús dice claramente que los dones carismáticos no garantizan la entrada al cielo (Mateo 7:21-23).

Pero, *battalogeo* puede referirse a las oraciones prolongadas o "vanas repeticiones", diciendo "la oración varias veces" (*Lo más importante es el amor*). Jesús explica esa práctica al decir: "Piensan que por su palabrería serán oídos" (6:7). No obstante, en otro pasaje Jesús enseña que las personas deben "orar siempre y no desmayar" (Lucas 18:1). ¿Cómo se puede evitar que la oración incesante y persistente sea prolongada o repetitiva?

La oración persistente. La exhortación a que oremos con persistencia no implica que Dios conteste con renuencia las oraciones. No significa: "Sigan orando. Con el tiempo cansarán a Dios, El se dará por vencido y les dará lo que piden". El pasaje sencillamente insta a orar. Si un amigo, a pesar de haber sido importunado a medianoche, le da a su desconsiderado vecino lo que necesita, cuánto más se deleitará Dios en escuchar y responder nuestras oraciones (véase Lucas 11:5-10). Si un juez injusto le hace justicia a una viuda indefensa que se niega a darse por vencida, ¡cuánto más responderá Dios nuestras oraciones! (véase Lucas 18:1-8).

Aquellos que oran y parecen no recibir respuesta, deben continuar orando sin recurrir a la queja. Dios es mucho más generoso que los amigos y mucho más justo que los jueces. El responderá nuestras oraciones. La disposición de Dios para responder es la base de nuestra confianza en la oración. Los discípulos pueden pedirle a Dios lo que necesiten, con la seguridad de que El está más ansioso para dar que los discípulos para pedir.

La prioridad de la oración. Al afirmar que siempre debemos orar, quizá Jesús quería enseñar que la oración debe ser más que una interrupción en la rutina diaria. Tiene que ser la característica distintiva en la vida de sus discípulos. La oración no es una práctica religiosa que se realiza cuando no hay nada más que hacer. Es algo que siempre estamos haciendo.

El apóstol Pablo nos insta a orar sin cesar. Su testimonio demuestra que no es un ideal imposible de cumplir. En sus epístolas hay seis pasajes en los que declara que nunca cesa de orar (Romanos 1:9; Efesios 1:16; Colosenses 1:9; 1 Tesalonicenses 1:2-3; 2:13; 2 Timoteo 1:3). Sabemos que Pablo no pasaba todo el tiempo a solas en un cuarto, orando de rodillas. El dedicaba tiempo a otras actividades, puesto que hacía tiendas para sostenerse económicamente, predicaba para que otros se convirtieran a Cristo, y enseñaba a otros a discipular a los convertidos. Además, dedicaba tiempo para comer, beber, dormir, viajar, escribir cartas y otras actividades comunes.

Estar en constante actitud de oración es lo opuesto al orgullo. Significa que uno ha aprendido a vivir dependiendo conscientemente de Dios (véase 2 Corintios 1:9). Significa que uno está libre del engaño de la autosuficiencia. Es tener la actitud de gratitud y expectación, que es la atmósfera de la vida de oración. Sólo en este sentido podemos comprender el mandato de Pablo a que oremos "sin cesar" (1 Tesalonicenses 5:17).

La actitud de gratitud y expectación nos permite, usando las palabras de Pablo, perseverar "en la oración, velando en ella con acción de gracias" (Colosenses 4:2). Orar sin cesar consiste en vivir sobre el fundamento de la fe, la esperanza y el amor. Es regocijarnos en la diaria liberación que Dios nos concede a nosotros y a los demás. Significa beneficiarnos del recurso de las promesas de Dios, las cuales jamás fallan. Por tanto, oramos "en todo tiempo con toda oración y súplica en el Espíritu", velando "con toda perseverancia y súplica" (Efesios 6:18).

La oración no era una interrupción en las actividades normales de Pablo; constituía su actividad normal. El conocía un tipo de oración que era incesante, ferviente, y abarcaba toda la vida. Así seguía el consejo y el ejemplo de Jesús, una vida de sumisión total a Dios y de firme confianza en El.

La petición. El elemento distintivo de la oración cristiana es la certeza de que Dios, nuestro Padre, conoce nuestras necesidades aun antes que se las digamos (Mateo 6:8). No debemos confundir la oración con el envío de una lista de Navidad al "Papá Noel" cósmico. No es hacer un pedido al "Mozo celestial". Tampoco es decirle a Dios lo que debe hacer. Los seguidores de Jesucristo debemos buscar "primeramente el reino de Dios y su justicia". Luego podemos descansar, confiados de que todas las cosas que necesitamos —alimento, agua y vestimenta— nos "serán añadidas" (Mateo 6:25-33).

Confiar en la sabiduría y en el amor de Dios no hace innecesaria la oración. En realidad, es la base para confiar en ella. Los discípulos pueden pedir buenas cosas a Dios porque están seguros de que El está más deseoso de dárselas que cualquier padre humano (7:11). "Por tanto", dice Jesús, "os digo que todo lo que pidáis orando, creed que lo recibiréis, y os vendrá" (Marcos 11:24).

No obstante, creer en la oración no es la magia que hace que Dios actúe. Su disposición y capacidad para dar son mayores que la disposición y capacidad de sus hijos para pedir (véase Efesios 3:20). Sin embargo, Dios, por su sabiduría y amor inmensos, no les da todo lo que piden (véase 2 Corintios 12:7-10). A veces "no tenéis lo que deseáis, porque no pedís" a Dios. En otras ocasiones, "pedís, pero no recibís, porque pedís mal, para gastar en vuestros deleites" (Santiago 4:2-3).

El propósito de la oración

Si la oración es comunicación con Dios, su propósito no es tanto obtener algo de El, sino entrar en esa relación plena con Dios que la Biblia describe como paz. El desea estar en comunión con nosotros. La motivación primordial para orar debe ser el conocer a Dios más íntimamente, llegar a estar en tal armonía con El que trabajemos con nuestro Señor para que su voluntad se cumpla en nuestra vida, en su iglesia y en este mundo perdido. En la oración llegamos a saber qué es lo que Dios ama, lo que quebranta su corazón, lo que le da gozo. Compartimos su sueño y aspiración de que su reino venga.

Pero, Dios también nos invita a que le demos a conocer nuestras peticiones (véase Filipenses 4:6). Juan Wesley resume correctamente la enseñanza bíblica al respecto, diciendo que Dios no hace nada "si no le piden en oración".[1] Esto no significa que nuestras oraciones cambien lo que Dios piensa, aunque la Escritura sostiene que a veces lo hacen.[2] La oración da resultado porque el Dios santo y amoroso ha decidido actuar en respuesta a lo que hacen sus criaturas.

No oramos porque Dios necesita nuestro consejo. Tampoco lo hacemos porque El necesita compañía. Oramos porque nosotros necesitamos a Dios. Y oramos con confianza porque, como sus hijos, sabemos que El desea sólo lo mejor para nosotros.

A veces nuestra idea de lo que es mejor es totalmente contraria a lo que experimentamos. La vida humana, aun para los cristianos, a menudo involucra decepciones, fracasos y sufrimiento. Puesto que no somos Dios, no siempre sabemos qué es lo mejor y no entendemos por qué un Dios todopoderoso permite el mal en su mundo, en especial cuando somos sus víctimas. No olvidemos que, para Jesús, la sumisión a la voluntad del Padre significó la cruz. Y, no olvidemos que el Viernes Santo no fue el final de la historia.

Dios no es un abuelito celestial, indulgente y complaciente. El sabe que no todo lo que consideramos necesario es lo que más nos conviene a largo plazo. Precisamente, porque Dios nos ama, permite que experimentemos la disciplina que formará nuestro carácter, tal como lo hizo con su único Hijo, nuestro Señor, quien "a través del sufrimiento aprendió lo que es la obediencia" (Hebreos 5:8).

---

1. Juan Wesley, *La perfección cristiana*. Trad., Mary F. de Payano (Kansas City: Casa Nazarena de Publicaciones, 1979), p. 108.

2. Véase George Lyons, "The God Who Changes His Mind", *Preacher's Magazine*, marzo-abril-mayo de 1993, pp. 30-33. Véase también, "Does Prayer Really Change Anything?", *Dear God... Help Me Understand* (Kansas City: Beacon Hill Press of Kansas City, 1995), pp. 92-101.

Pasajes bíblicos: Mateo 5:20; 6:5-10, 25-33; 7:7-11, 21-23; 18:19; Marcos 11:17, 24; Lucas 3:21-22; 9:18, 28; 11:1, 5-10; 18:1-8; 20:47; Juan 11:41-42; Hechos 1:24; 3:1; 14:23; Romanos 1:9; 8:26-27; 12:12; 1 Corintios 14:13-19; 2 Corintios 1:9; 12:7-10; Efesios 1:16; 3:20; 6:18; Filipenses 4:6; Colosenses 1:9; 4:2; 1 Tesalonicenses 1:2-3; 2:13; 5:17; 2 Timoteo 1:3; Hebreos 5:8; Santiago 4:23; 1 Juan 3:21-22; 5:14-15.

El **Dr. George Lyons** es profesor de Literatura Bíblica en la Universidad Nazarena Northwest en Nampa, Idaho, E.U.A. Fue presidente de la Sociedad Teológica Wesleyana. Es el autor de *Santidad en la Vida Diaria, No. 1 y No. 2* (Kansas City: Casa Nazarena de Publicaciones, 1999).

En este libro hemos dedicado muchas páginas a discutir conceptos que no podemos ver ni tocar. Esa es, por definición, la naturaleza del aspecto espiritual de la existencia. Sin embargo, los que no somos sólo espíritu, sino también carne y hueso, tenemos el deseo innato y la predisposición para estudiar lo que se puede "palpar". Por eso es tan importante el presente capítulo en esta serie de temas sobre las realidades invisibles en nuestra vida. Al hablar de las disciplinas espirituales, entramos en una arena que trata tanto del mundo espiritual como del mundo físico en forma tangible.

Capítulo 11

Las disciplinas espirituales de la vida cristiana

David W. Holdren

¿QUÉ ES LO PRIMERO QUE RECUERDA al pensar en la palabra "disciplina"? Tal vez recuerde esas ocasiones cuando su mamá le perseguía por la casa, justo antes que volviera su papá y completara la disciplina que ella pensaba imponerle. Qué bueno que eso ha quedado en el pasado, ¿no es cierto?

Disciplina. Es lo que no puedo mantener por suficiente tiempo como para perder estos kilos de más. Hubo un tiempo cuando la tenía, pero ahora la pierdo constantemente. Estoy seguro de que *nunca* será parte de mi vida. La realidad es que la disciplina no está en mis genes.

Sin embargo, quizá usted sienta satisfacción cuando se menciona la palabra, porque realmente es una persona disciplinada —o ha llegado a serlo— y su vida revela los maravillosos beneficios. "Disciplina" es ahora una palabra agradable para usted. Verdaderamente es su amiga.

Ahora piense en la frase "disciplina espiritual". ¿Qué significan estas palabras para usted? Para algunas personas, representan las paredes, puertas y ventanas seguras y positivas del crecimiento espiritual y de la relación con Dios. Para otras, representan culpabilidad ("yo sé que debería"), fracaso ("he comenzado muchas veces, pero nunca he podido perseverar"), ansiedad ("quizá Dios esté decepcionado conmigo"), o una rutina aburrida ("esas cosas se vuelven hábitos sin importancia"). La "disciplina espiritual" tal vez sugiera el cuadro mental de un santo que medita en la Biblia, o que ha estado orando por más de una hora y aún continúa con todo fervor.

El propósito de este capítulo es expandir nuestro conocimiento respecto a las disciplinas espirituales, sin dejar de lado las disciplinas clásicas. Si empezamos a practicar algunas disciplinas que nunca antes habíamos considerado, descubriremos que hay beneficios prácticos cada día. ¡Principiemos la aventura!

¿En qué forma nos ayudan?

¿Qué valor tienen estas prácticas que llamamos "disciplinas espirituales"? En primer lugar, nos *liberan*. Así es. Nos ofrecen nueva libertad, no esclavitud. Toda disciplina que sea saludable nos ayuda a expandir los horizontes en nuestra vida. A mí me gusta jugar frontón con raqueta. Mi meta es jugar dos veces a la semana. Mi disciplina es separar dos períodos específicos y acomodar el resto de mi horario alrededor de ellos. Quizá usted piense: "Si le gusta, entonces no puede ser disciplina". No es cierto. Es una disciplina porque he tomado medidas para asegurarme de que se cumpla.

En la vida hay muchas disciplinas que son entretenidas, pero permitimos que otros asuntos ocupen el lugar de lo que es entretenido *e* importante. Hacer lo importante —aunque otras cosas reclamen nuestra atención— es una disciplina. Cuando atendemos los asuntos importantes, nuestra mente y nuestras actitudes se liberan. Sentimos satisfacción por lo que hemos realizado. Nos ayuda a superar sentimientos de culpa y aun ansiedades que nos esclavizan. Las disciplinas saludables nos liberan.

De igual forma nos liberan las disciplinas *espirituales* saludables. Al considerar algunas de ellas, nos daremos cuenta de cuán liberadoras pueden ser, a nivel personal y en todas nuestras relaciones importantes.

Establecer disciplinas espirituales nos ayuda a tener *metas* en la vida. Estudie la vida de personas notables y comunes. Aquellas que obtuvieron más logros, e hicieron mayor impacto, tenían metas y dedicaron tiempo y energía para alcanzarlas. Necesitaron disciplina, y muchas de ellas necesitaron disciplinas *espirituales*. Para alcanzar las metas, se requieren varios tipos de disciplina.

Las disciplinas conducen al *progreso*. Cuando establecemos disciplinas en nuestra vida, suceden cosas positivas. Jesús nos enseña que los que persisten en pedir, buscar y llamar, verán cosas buenas (Mateo 7:7-8). Esa es una disciplina espiritual. Además, Jesús nos da un principio maravilloso para la vida. Los que desarrollan la pasión de pedir, buscar y llamar, recibirán muchas más bendiciones y oportunidades. Cristo en repetidas ocasiones enseña lo sabio que es tener disciplina para administrar lo que hemos recibido. El condena el descuido, la pereza y la apatía (Mateo 25:14-30).

Las disciplinas espirituales

Cuatro de las disciplinas espirituales clásicas son la *oración*, el *ayuno*, el *estudio* y la *meditación*. Sin embargo, hay otras, y se sorprenderá al descubrir cuáles son. Por ahora, estudiemos estas cuatro.

Orar es expresar nuestro sentir a Dios y esperar la respuesta. Jesús nos enseña que la mejor oración es aquella que es sencilla, sincera y breve (Mateo 6:1-18).

Muchas personas piensan que si la oración es una *disciplina*, tiene que ser prolongada, frecuente y bastante técnica. Quizá en ciertas ocasiones tenga que ser prolongada y frecuente, pero no siempre. Es conveniente separar en nuestro horario ciertos momentos para la oración; de ese modo contamos con un tiempo a solas y la oportunidad de enfocar nuestros pensamientos. Podemos pensar en la oración como una "llamada a casa" para conversar con aquellos que nos aman, para compartir lo que está sucediendo en nuestra vida, y para dedicar tiempo a escucharlos.

Tengamos en cuenta que el propósito de las disciplinas espirituales no es ganar "puntos" ante Dios, ni impresionar a otros. A

Jesús no le agradaba esa actitud. En varias ocasiones reprendió a personas que seguían el ritual de orar y dar dinero para que otras las oyeran y vieran. Las dominaba el egocentrismo. El propósito de las disciplinas espirituales es ayudarnos a adorar a Dios, a reflexionar, a crecer espiritualmente y llegar a ser más semejantes a Cristo.

El *ayuno* es otra disciplina espiritual. Esta quizá rara vez se practica, pero no es demasiado tarde para aprender. El ayuno es la disciplina de *omitir* algo que nos gusta hacer, a fin de enfocarnos en Dios para algo más importante. Por lo común, suponemos que el ayuno tiene que ver con los alimentos, pero ese es un concepto muy limitado. Para mí, podría significar no ir a jugar pelota y pasar ese tiempo en oración, o haciendo algo que Dios me indique.

Tradicionalmente, el ayuno es una forma de abstinencia de alimento por cierto tiempo, para dedicarse a orar acerca de una situación o suplicar algo. Sin embargo, uno puede escoger un tipo de ayuno que omite algo que no es alimento, y en el cual se realiza una actividad distinta a la oración, pero que es un medio para buscar a Dios o hacer su obra en este mundo.

En Mateo 6, Jesús indica que el ayuno no se debe anunciar al público. Debemos hacerlo en forma privada, sincera, casi secreta, y Dios nos recompensará.

El *estudio* es otra forma de disciplina espiritual, vinculada generalmente con la lectura y el estudio de la Biblia. Muchos, o quizá la mayoría de nosotros, necesitamos practicar esta disciplina espiritual. Numerosas personas me dicen que la presión del tiempo, y la dificultad para entender, son dos barreras que les impiden ponerla en práctica. Las comprendo. Como en el caso de la oración, tal vez la cantidad no sea lo importante. Para empezar, consiga una guía para la lectura de la Biblia. Esta indica pasajes específicos, los cuales puede marcar después de haberlos leído. La Biblia es una de las formas más básicas en que Dios se comunica con nosotros; por tanto, debemos esforzarnos para leerla y reflexionar en ella.

La *meditación* es otra disciplina espiritual que no conocemos muy bien, o que interpretamos erróneamente. El hecho de que los seguidores de algunas religiones orientales y de la Nueva Era practiquen la meditación, no significa que no podamos hacerlo nosotros. La clave es *acerca de qué* meditamos. Génesis 24:63; Salmos 1:2; 63:6; y 119:148 describen algunos métodos de meditación para los creyentes.

Un propósito básico de la meditación oriental es *vaciar* [poner en blanco] la mente. El objetivo de la meditación cristiana, por el contrario, es permitir que la mente descanse y se libere para *llenar* nuestros sentidos con la bondad y la gloria de Dios. Es una forma de adoración, que es uno de los objetivos principales de toda disciplina espiritual. En la meditación, encontramos tiempo y lugar para relajarnos y reflexionar en algún aspecto de la obra o la presencia de Dios en este mundo y en nuestro mundo privado. La meditación requiere práctica. El ritmo y las demandas de la vida diaria ocupan tanto de nuestro tiempo y energía, que si queremos practicar la meditación, tenemos que hacerlo deliberadamente. Sin embargo, esos tiempos de mayor ocupación son ocasiones perfectas para descubrir la paz y energía liberadoras que hallamos en la meditación cristiana.

¿Existen otras formas de disciplina espiritual?

Claro que sí. Otras áreas como la adoración, la confesión, la celebración y la generosidad son también disciplinas espirituales. ¿Por qué? Porque son asuntos del espíritu y tienen que ver con la piedad. No siempre es fácil o natural practicarlos; por tanto, algunas disciplinas requieren esfuerzo. Tiene sentido, ¿no cree?

Sin embargo, algunas de las disciplinas que más descuidamos son las que se relacionan con la vida y actividad diarias. Erróneamente suponemos que las disciplinas espirituales siempre se convierten en hábitos rutinarios, que se realizan en ciertos momentos y lugares. Pero, no es así. Por ejemplo, nada podríamos llamar más apropiadamente "disciplina espiritual" que lo que el apóstol Pablo describe como vivir o andar en el Espíritu (Romanos 8:1-5). Se refiere a la disciplina de ser sensibles a la voz y dirección del Espíritu en el transcurso del día. Puede incluir la disciplina espiritual de luchar contra la tentación cuando ésta se presenta. O, puede ser la disciplina espiritual de darnos cuenta cuando tenemos una mala actitud, contraria a la semejanza a Cristo; cuando usamos lenguaje impropio, o cuando debemos pedir perdón a un colega en el trabajo.

Tal vez usted esté pensando: "Esas no son disciplinas espirituales". Yo digo que lo son. Evidentemente, son asuntos espirituales de los cuales trata la Biblia con firmeza; y se requiere una enorme disciplina de nuestra mente, boca, espíritu y ego para llevar a cabo estas prácticas que son oportunidades para crecer en la semejanza a Cristo.

Jamás suponga que, por no haber tenido éxito en cierta forma de disciplina espiritual, no podrá practicar otras con eficacia.

Veamos ahora otras disciplinas espirituales que generalmente pasamos por alto, pero que afectan nuestra vida diaria. El pasaje de 2 Pedro 3:11-18 presenta varias que son sumamente importantes. Examinemos cinco de ellas.

Espera. Los versículos 11-14 nos dicen que debemos "esperar". ¿Recuerda la ansiedad con que esperaba la Navidad o algún otro evento importante cuando era niño? La expectación era tan intensa y le consumía a tal punto que, en comparación, el día 25 por la tarde parecía una desilusión.

De acuerdo con la Biblia, debemos vivir en el presente, pero esperando el cielo nuevo y la tierra nueva (futuros) que algún día Dios nos dará. Teniendo en mente esa gran esperanza, se nos exhorta a disciplinarnos para llevar una mejor vida ahora mismo, siguiendo una disciplina consciente y constante para esperar las grandes cosas que Dios tiene preparadas para nosotros.

Para desarrollar la disciplina espiritual de la espera, debemos cruzar ríos de tristeza, escalar montañas de decepción y luchar contra las distracciones diarias. Estas procuran que veamos sólo el presente, impidiendo que preparemos nuestra mente para los beneficios que Dios ciertamente enviará. El pasaje declara: "Cómo no debéis vosotros andar [tiempo presente] en santa y piadosa manera de vivir" (2 Pedro 3:11). La espera positiva puede ser una maravillosa disciplina espiritual que da nueva forma a la vida, la hace más hermosa y la fortalece cada día.

Desarrollo de las actitudes. Esta área es una de las claves de la vida de éxito, en toda edad y cultura. La actitud es la manera en que vemos la vida y en que reaccionamos a las situaciones de la vida, a otras personas, y a nosotros mismos. Las actitudes son los lentes y filtros a través de los cuales llega la vida a nosotros, y a través de los cuales reaccionamos. Son inmensamente importantes. Constituyen una verdadera disciplina para el cristiano que desea crecer.

La disciplina de cultivar las actitudes se lleva a cabo en lo privado de nuestra mente y espíritu. En el transcurso del día también se requiere disciplina muchas veces, para controlar y modificar nuestras actitudes. Es otra de las disciplinas que nos acompañan siempre, sin saber cuándo será nuestra fortaleza y escudo, o una bendición para otra persona.

Además de los versículos 11 y 14 de nuestro pasaje, Efesios 4:23 y Filipenses 2:5 nos dicen que procuremos tener una actitud como la de Cristo, y que las raíces para el cambio y el crecimiento incluyen renovar las actitudes de nuestra mente. Dedique tiempo para leer esos pasajes y los versículos del contexto, notando la asombrosa importancia que le atribuye Dios a las actitudes.

Mantener la paz. ¿Pensó alguna vez que esta era una disciplina espiritual? Inténtelo. En nuestro pasaje de 2 Pedro 3, el versículo 14 se refiere a la paz con Dios (también Romanos 5:1). Otros textos hablan de tener la paz de Cristo (Juan 14:27) y del estado bienaventurado de los pacificadores (Mateo 5:9). En cierto sentido, mantener la paz es un don de la gracia divina, pero muchas veces, y de muchas formas, es también una disciplina cristiana del espíritu.

Muchas de las disciplinas espirituales son del tipo que practicamos, no únicamente a solas o según un horario, sino en medio del caos de la vida, en el momento en que las necesitamos.

Permanecer alertas. En 2 Pedro 3:17 se menciona esta importante disciplina para el que desea crecer espiritualmente. Una clara señal de madurez es el discernimiento y la facultad de percibir cuando se acercan fuerzas espirituales o situaciones que podrían menguar nuestra fe, esperanza, amor y perseverancia en Cristo. La frase, "no me di cuenta del peligro", podría referirse al automóvil que puso fin a una vida, o a la inminente destrucción de un matrimonio. Muchas cosas en la vida nos distraen, y no vemos a las personas y las situaciones que realmente requieren nuestra atención. Aun para los que desean estar listos cuando retorne el Señor a la tierra, el consejo es que estén alertas.

Algunos de los pensamientos más hermosos en la Escritura se refieren a lo atento que está Dios a los detalles de nuestra vida. "Pon mis lágrimas en tu redoma", dice un escritor (Salmos 56:8). Prestar atención. Observar las señales. Captar el momento. Permanecer alertas —es una magnífica disciplina espiritual.

Experimentar a Cristo. Creo que esta es la consumación de todas las disciplinas espirituales. Es la esencia del cristianismo. Tiene que ver con la pasión, lo práctico y lo positivo en el estilo de vida cristiano. Las palabras del escritor son: "Creced en la gracia y el conocimiento de nuestro Señor y Salvador Jesucristo. A él sea gloria ahora y hasta el día de la eternidad. Amén" (v. 18).

La disciplina espiritual de *experimentar a Cristo* abarca mucho más, pero incluye la primera ocasión cuando creímos en Cristo como nuestro Salvador y nuestra esperanza. Es aprender a seguirlo. Incluye la sed continua por conocer más de Cristo, y apelar a su ayuda para ser como El. Es la disciplina espiritual de procurar la semejanza a Cristo en carácter y conducta. Algunos la llaman vivir en santidad.

Efesios 5:1-2 lo expresa de la siguiente manera: "Sed, pues, imitadores de Dios como hijos amados. Y andad en amor, como también Cristo nos amó y se entregó a sí mismo por nosotros, ofrenda y sacrificio a Dios en olor fragante".

Esto tal vez requiera que abandonemos nuestra antigua forma de vida, que renovemos nuestra forma de pensar, y que nos vistamos de la nueva persona, creada para ser como Dios en justicia y santidad (véase Efesios 4:22-24).

Pablo describe esta última disciplina espiritual con los siguientes términos: "Quiero conocerlo a él y el poder de su resurrección, y participar de sus padecimientos hasta llegar a ser semejante a él en su muerte, si es que en alguna manera logro llegar a la resurrección de entre los muertos" (Filipenses 3:10-11).

¿Qué debo hacer ahora?

El propósito de las disciplinas espirituales es desarrollar en nuestra vida una nueva pasión, propósito y poder. Estudie las disciplinas espirituales que hemos mencionado en este capítulo. Continúe con las que estaba poniendo en práctica. Descubra los valores más profundos que ellas poseen. Empiece a trabajar en una o dos de las disciplinas que hasta ahora le ha sido difícil practicar. Pida la ayuda de Dios. Ponga por escrito sus intenciones. Haga un horario para algunas de ellas. Pero, recuerde que algunas de las disciplinas más esenciales se ponen en práctica mientras vivimos nuestras experiencias cotidianas.

Pasajes bíblicos: Génesis 24:63; Salmos 1:2; 56:8; 63:6; 119:148; Mateo 5:9; 6:1-18; 7:7-8; 25:14-30; Juan 14:27; Romanos 5:1; 8:5; Efesios 4:22-24; 5:1-2; Filipenses 2:5; 3:10-11; 2 Pedro 3:11-18.

David Holdren es el pastor de la Iglesia Wesleyana de Cypress, en Galloway, Ohio, E.U.A.

La próxima vez que esté en una clase de escuela dominical o en un culto de la iglesia, note el porcentaje de oración que se hace por sanidad física. Si su iglesia es como la mayoría, las peticiones por problemas de salud parecen dominar la mayor parte de las reuniones de oración. ¿Por qué ocurre esto? La respuesta es obvia. Somos personas con necesidades, y vivimos en cuerpos frágiles. Nadie desea estar enfermo. Los cuerpos enfermos, si no reciben tratamiento, conducen al mayor temor de los humanos: la muerte. Sin embargo, ¿es realmente la muerte, y la enfermedad que lleva hacia ella, el mayor temor de la raza humana? Para los cristianos existe, o debe existir, un temor aún mayor, máximo: El temor de perder la salvación y la comunión eterna con Dios. Por tanto, debemos examinar otra vez el tema de la enfermedad y la muerte, y dar a estas condiciones humanas su lugar adecuado en nuestra vida espiritual. La enfermedad y la muerte no tienen control sobre el cristiano porque, en última instancia, nuestra vida está escondida en Cristo. Ya sea que estemos sanos o enfermos, que vivamos o muramos, la pregunta importante es: "¿Estamos sirviendo a Dios?" No obstante, a veces Dios interviene en forma sobrenatural y toca nuestro cuerpo enfermo. ¿Por qué? ¿Para posponer la muerte por algunos meses o años? No. La intervención milagrosa de Dios en nuestra vida siempre tiene un propósito: Que le sirvamos mejor y lo glorifiquemos. Teniendo esto en mente, examinemos el tema de la sanidad y los milagros en el mundo hoy.

Capítulo 12

La sanidad cristiana y los milagros

N. Keith Hinton

ERA UNA MAÑANA NORMAL DE DOMINGO en la iglesia. Un hombre, abrumado de preocupaciones, entró al templo porque un buen amigo lo había invitado. Aunque estuvo a punto de dar la vuelta y regresar a su casa antes de entrar, cuando se ofreció la invitación, él pasó al frente y se arrodilló en el altar con dificultad. Había estado lejos de Dios la mayor parte de su vida, pero en ese momento recibió el perdón de sus pecados y su vida fue transformada. Ese día sucedió también algo más. Dios lo sanó de cáncer. Unos años después, cuando llegué a la iglesia para ser el pastor, ese hombre era miembro de la junta local, disfrutaba de buena salud y servía al Señor.

En cierta ocasión, una mujer en nuestra iglesia recuperó el uso total de una rodilla. Dios la tocó a pesar de que los doctores habían dicho que no podían hacer nada para curarla. Otra mujer sufría de terribles dolores. Le diagnosticaron cálculos biliares y aconsejaron que fijara la fecha para la cirugía. En forma milagrosa, el dolor desapareció por completo y no ha tenido que pensar en la cirugía por más de dos años.

¿Se pregunta usted si Dios sana en la actualidad? Por propia experiencia, tengo que decir que sí.

Un hombre de 28 años de edad contrajo una forma rara de cáncer. Era tan extraño que sólo algunos doctores habían intentado prescribir un tratamiento. Este hombre era luchador. Su espíritu era fuerte, y su determinación, inquebrantable. Soportó tratamiento tras tratamiento, pero sin mayor éxito. No había sido cristiano por mucho tiempo pero sabía que la iglesia creía en la sanidad, así que pidió que oráramos por él. Durante los dos años siguientes oramos constantemente por su sanidad. Impusimos las manos sobre él más de una vez y lo ungimos con aceite, creyendo que Dios podía remover el cáncer y sanarlo para que sirviera a su Salvador con un cuerpo saludable. A pesar de todo lo que hicimos y en forma contraria a lo que esperábamos, él falleció, dejando solas a su esposa e hijita.

¿Se pregunta usted si Dios sana siempre? Por propia experiencia, tengo que decir que no; por lo menos, no como pensamos que debería sanar.

Tal vez esta aparente inconsistencia, y el deseo de alejarnos de sectores más extremistas de la iglesia cristiana, hayan causado que, en los últimos años, las iglesias de santidad descuidemos la enseñanza acerca de la sanidad cristiana. Sin embargo, los milagros y la sanidad siempre han sido parte de la iglesia en la historia.

Aunque la importancia de los milagros —en particular los milagros de sanidad— ha sido tema de discusión a través de los siglos, no podemos negar legítimamente su existencia. Es razonable suponer que el Dios sobrenatural aún es capaz de intervenir —e intervendrá— en forma sobrenatural en los asuntos de la humanidad, y aunque no siempre, por lo menos lo hará ocasionalmente.

El fundamento bíblico

El origen de la sanidad cristiana se encuentra en la expiación de Cristo. De hecho, la diferencia básica al interpretar la expiación es lo que ha dado lugar a diversas aplicaciones de la Palabra de Dios respecto a los problemas de salud y las enfermedades.

Algunos afirman que la enfermedad, como el pecado, se originó en la caída de la humanidad con Adán y Eva. Por tanto, la enfermedad debe tener una cura espiritual, tal como la tiene el pecado. Sin embargo, hay muchas cosas que atribuimos a la caída, incluyendo los males naturales, las espinas de los rosales, y la enemistad entre los corderos y lobos. Nadie enseña que estos males deben ser curados por simple fe en la sangre derramada por Cristo y su expiación. De igual modo, aunque la causa de las enfermedades fue la caída de la humanidad, no se puede argüir que Dios haya provisto para éstas el mismo remedio que dio para el problema universal del pecado.

Dios ciertamente sana. Pero, cuando lo hace, se debe a su voluntad soberana, y la sanidad demuestra su misericordia eterna. Dios no se ha comprometido a curar las enfermedades tal como lo ha hecho, mediante su Palabra, para perdonar el pecado. "Si confesamos nuestros pecados, él es fiel y justo para perdonar nuestros pecados y limpiarnos de toda maldad" (1 Juan 1:9). "De tal manera amó Dios al mundo, que ha dado a su Hijo unigénito, para que todo aquel que en él cree no se pierda, sino que tenga vida eterna" (Juan 3:16). En su Palabra no existen afirmaciones semejantes respecto a sanar o curar todos los demás males que son resultados de la caída. El lobo morará con el cordero, pero ocurrirá en el tiempo de Dios. Aunque algunos miembros de la raza humana, por fe, pueden experimentar redención en esta vida, el resto de la creación de Dios no puede hacerlo. Pablo nos recuerda que la creación tiene "un anhelo ardiente... Por tanto, también la creación misma será libertada de la esclavitud de corrupción a la libertad gloriosa de los hijos de Dios" (Romanos 8:19-21). Habrá un mundo mejor, pero no aquí, y no ahora.

Dios sana. Esta es una verdad indiscutible de la Escritura. En el Antiguo Testamento, Dios declara: "Yo soy Jehová, tu sanador" (Exodo 15:26). En el Nuevo Testamento, no se puede negar el ministerio sanador de Jesucristo, y se dice que el Espíritu Santo da "dones de sanidades" a la iglesia (1 Corintios 12:9). Además, si Dios no volviera a hacer nada que se considere milagroso, su poder sanador aún puede verse en la asombrosa capacidad del cuerpo humano para recuperarse de serias lesiones y enfermedades, gracias a la forma en que El nos creó. El es un Dios sanador.

Estoy convencido de que para hablar de la sanidad, debemos entender nuestra relación con Dios y su propósito para nuestra vida. El propósito es que glorifiquemos a Dios. Según Romanos 8:29, el propósito divino es conformarnos a la imagen de su

Hijo. En otras palabras, la meta suprema de Dios para nosotros es que seamos como Jesús y que seamos salvados para tener la vida eterna. Por tanto, es correcto suponer que Dios sanará si contribuye a su propósito supremo para nosotros. La fe confía en que Dios cumplirá sus propósitos.

Un modelo bíblico

En Santiago 5:7-19, vemos lo que pudiera considerarse como un modelo para tratar con la necesidad de sanidad. La parte más conocida de este pasaje se refiere a la enfermedad física: "¿Está alguno enfermo entre vosotros? Llame a los ancianos de la iglesia para que oren por él, ungiéndolo con aceite en el nombre del Señor. Y la oración de fe salvará al enfermo, y el Señor lo levantará; y si ha cometido pecados, le serán perdonados" (vv. 14-15). En estos versículos se nos sugiere un plan de acción.

Reconocer la necesidad. Cuando Santiago dice que la persona enferma "llame a los ancianos de la iglesia" (v. 14), da a entender que, en primer lugar, debemos reconocer nuestra necesidad. Al pedir la intervención divina, debemos confesar que no tenemos la capacidad para resolver el problema. Nuestra necesidad demanda el toque de Dios. Confesamos que dependemos del poder divino. Este es un requisito para muchas de las promesas de Dios. Muchas veces El nos rescata como respuesta directa a nuestra súplica en busca de ayuda: "El librará al menesteroso que clame y al afligido que no tenga quien lo socorra" (Salmos 72:12). En otro pasaje, el salmista testifica: "Este pobre clamó, y lo oyó Jehová y lo libró de todas sus angustias" (34:6). Al reunir a los líderes de la iglesia, reconocemos nuestra necesidad y, a la vez, iniciamos personalmente una acción que demuestra nuestra sumisión a Dios y a su voluntad soberana. Esta sumisión está conectada con el segundo paso.

El ungimiento. El versículo dice, en segundo lugar, que la iglesia debe orar por el enfermo, "ungiéndolo con aceite en el nombre del Señor" (v. 14). En aquel tiempo se aceptaba el uso de aceite como tratamiento médico para ciertas enfermedades. Por tanto, el ungimiento pudiera ser un recordatorio de que Dios quizá decida sanar por medio de la medicina moderna. Tomemos en cuenta que el tratamiento médico usa propiedades sanadoras que Dios creó, tanto en nuestro cuerpo como en la naturaleza. Por tanto, es apropiado considerar dicho tratamiento como un método legítimo mediante el cual Dios puede sanarnos.

Hay otro aspecto que no debemos ignorar. En el Antiguo Testamento, se usaba el aceite como símbolo de la unción de Dios para el servicio y la disposición de la persona para someterse al liderazgo divino. Dios ungió a reyes y a profetas. Ser el ungido de Dios significa que El lo ha apartado para un área particular de servicio o ministerio. Cuando una persona se arrodilla ante el Señor mientras la iglesia ora por ella y la unge con aceite, esa escena simboliza que la persona ha sido apartada para los propósitos divinos y que se someterá a ellos. Esta actitud es la que realmente muestra nuestra fe.

La fe. La tercera parte del plan de acción se ve en las palabras de la promesa: "Y la oración de fe salvará al enfermo" (v. 15). Tenemos que orar con fe. Pero, la fe no consiste en torcerle el brazo a Dios para conseguir lo que queremos. La fe es discernir la voluntad divina en la situación, y cooperar con El para que se cumpla su voluntad. La fe no demanda lo que quiere, sino que confía en lo que quiere Dios.

Como ejemplo de la clase de fe que debemos tener, Santiago cita a Elías en los versículos 17-18. Nos recuerda que el profeta era como uno de nosotros. Además, al dialogar con Dios, él discernió el plan y el propósito divino, tanto para detener la lluvia como para que cayera otra vez. Por su obediencia y oración, Elías cooperó con Dios para que se cumplieran los propósitos divinos.

Debemos siempre recordar que creemos en un Dios soberano, quien no se ha comprometido a sanar sólo porque se lo pidamos. No es un robot ni una computadora que responde a comandos y a programas. No pensemos jamás que podemos manipular a Dios con nuestra fe. La fe no consiste en lanzarle constantes demandas, sino en abandonarnos a su cuidado.

Uno no recibe la sanidad por "creer lo suficiente". Si así fuera, el poder para sanar estaría en nuestra mente. Pero, no está allí. Ese poder reside sólo en Dios. Cuando Jesús hizo declaraciones tales como: "Ten ánimo... tu fe te ha salvado" (Mateo 9:22), no quiso decir que la persona había reunido la cantidad de fe requerida para la sanidad. Más bien, quiso decir que la fe en El había hecho posible llevar a cabo la voluntad divina. La fe dice: "Ya sea que me sanes o no, confío en que realizarás tu voluntad suprema en mi vida, la cual es mi salvación y la formación en mí de un carácter a la semejanza de Cristo".

Para tener una fe apropiada, necesitamos comprender el principio clave que vemos en el versículo 11 del mismo capítulo: "Nosotros tenemos por bienaventurados a los que sufren: Habéis oído de la paciencia de Job, y *habéis visto el fin que le dio el Señor, porque el Señor es muy misericordioso y compasivo*" (Santiago 5:11, itálicas añadidas). Tome en cuenta esas palabras.

Recuerdo la lección que enseñó Jesús en Lucas 18:2-8, en el que la persistencia de una viuda persuadió a un juez impío para que actuara en favor de ella. Ese juez injusto no temía a Dios, no respetaba a las personas, ni le interesaba la situación de la viuda; él no deseaba ayudarla, a menos que al hacerlo, ella dejara de importunarlo. Por tanto, nuestro Padre celestial, que nos amó tanto a usted y a mí que envió a su Hijo a morir en la cruz, quien está tan atento a las necesidades de su creación que ni un gorrión cae al suelo sin que El lo sepa, que nos ama tanto que nunca descansa ni duerme para ofrecernos su favor continuamente, "¿acaso [este] Dios no hará justicia a sus escogidos, que claman a él día y noche? ¿Se tardará en responderles? Os digo que pronto les hará justicia" (Lucas 18:7-8).

Dios es fiel para con sus hijos. La pregunta no es: "¿Hará El algo en nuestro favor?" De eso no hay duda. "El Señor lo levantará" (Santiago 5:15).

La pregunta es "cuándo". Dios sanará. Sin embargo, la sanidad no se limita a lo inmediato.

Muchas veces pensamos únicamente en el aquí y ahora. Debemos considerar el panorama más amplio. El milagro de la resurrección de Cristo es real. El cielo es real, y el toque sanador de Dios es real. Pero, a veces, por razones que sólo Dios conoce,

El escoge posponer nuestra sanidad, hasta aquel momento cuando experimentaremos personalmente los gozos del cielo y el poder de la resurrección de nuestro cuerpo. ¿Por qué ha de ser eso menos milagroso que sanar ahora? Lo único que importa es que nuestro Señor soberano es capaz de cumplir sus propósitos supremos en nuestra vida.

La clave es soportar. La fe que debe soportar, que debe confiar en Dios, que tiene esperanza y está convencida de que El es fiel a su Palabra aunque todavía no haya ocurrido la sanidad, es una fe mucho más fuerte, y quizá sea aun superior a la fe de la persona que ha recibido sanidad inmediata. Cuando hemos pedido a Dios que sane, con una actitud correcta de sumisión y confianza, podemos retirarnos convencidos de que El sana en su tiempo, y de acuerdo con sus propósitos.

Una perspectiva bíblica

El "milagro" puede definirse como la intervención extraordinaria de Dios en los asuntos de la humanidad, por medios que no se consideran naturales. Por tanto, tiene que ser un hecho que ocurre aparte de los milagros generales de Dios, tales como el milagro de la creación o el milagro de la gracia divina.

La mayoría de los eruditos bíblicos conservadores no debatirían los hechos milagrosos que se relatan en el Antiguo Testamento y en el Nuevo. Sin embargo, algunos sostienen que la era de los milagros concluyó con la iglesia del primer siglo. Wesley afirmó que Dios dio el milagroso don de sanidad con el propósito de que lo usara la iglesia de todos los tiempos, pero admitió que la iglesia de sus días mayormente había dejado de practicarlo.

Dios aún es Dios, y el milagro de la salvación aún es el mayor milagro de todos. Si en el curso de la historia humana Dios intervino milagrosamente de tiempo en tiempo, El puede hacerlo también en la actualidad. Sin embargo, debemos considerar esos actos sobrenaturales de la misericordia divina como beneficios adicionales a nuestra milagrosa redención, no como derechos que Dios nos ha dado con la salvación. Como hijos, tenemos el privilegio de pedir cualquier cosa al Padre. Pero, es presuntuoso esperar que nuestros deseos tengan preeminencia sobre su voluntad soberana.

Jeannie nació con espina bífida. Se esperaba que viviera sólo unos días. Sin embargo, ha vivido ya 37 años y aún está fuerte. ¿La sanó Dios? No, no realmente. Aunque El le salvó la vida, ella siempre ha estado confinada a una silla de ruedas, y hasta ahora es muy limitado lo que puede hacer sin la ayuda de los familiares y amigos.

Cuando Jeannie tenía siete años de edad, un grupo de cristianos oraron para que Dios la librara de su invalidez, pero El no lo hizo. Por mucho tiempo ella estuvo angustiada porque Dios no la había sanado milagrosamente. Recién hace un tiempo ha empezado a comprender que las demoras de Dios no son negativas. La esperanza de recibir la sanidad en el cielo no es un "castillo en el aire", ni es excusa para una fe inferior; es la realidad de Dios.

En la comunidad, a Jeannie la conocen como defensora de los que tienen incapacidades físicas. Ha trabajado en una comisión de la ciudad y, recientemente, el gobernador del estado la nombró para un cargo importante de una agencia. El Señor está usando la influencia cristiana de Jeannie en formas que ella jamás hubiera imaginado. Nuestro Padre celestial aún no ha decidido sanarla. Así que, mientras tanto, ella trabaja y espera el tiempo y el lugar que elija Dios.

"'Porque mis pensamientos no son vuestros pensamientos ni vuestros caminos mis caminos', dice Jehová. 'Como son más altos los cielos que la tierra, así son mis caminos más altos que vuestros caminos y mis pensamientos más que vuestros pensamientos'" (Isaías 55:8-9).

Pasajes bíblicos: Exodo 15:26; Salmos 34:6; 72:12; Isaías 55:8-9; Mateo 9:22; Lucas 18:7-8; Juan 3:16; Romanos 8:19-21, 29; 1 Corintios 12:9; Santiago 5:7-19; 1 Juan 1:9.

El Rdo. **N. Keith Hinton** es el pastor de la Iglesia Wesleyana Trinidad en Jackson, Michigan, E.U.A.

En capítulos previos vimos que las fuerzas espirituales (buenas y malas) son reales. Se libra una intensa batalla entre los poderes del bien y del mal. Sin embargo, en medio de la guerra espiritual que ocurre alrededor de nosotros, Dios no nos abandona para que luchemos solos por nuestra supervivencia espiritual. En realidad, nunca debemos olvidar que, aunque el resultado de los conflictos entre el bien y el mal no están determinados, la guerra final ya fue ganada. Dios está del lado de los justos. ¡La justicia reinará! Dios y aquellos que le sirvan en Cristo Jesús reinarán triunfantes.

CAPÍTULO 13

El poder del Espíritu Santo

Randy T. Hodges

EL SOL SE ESTÁ PONIENDO sobre la civilización occidental; sombras siniestras caen sobre la política, la vida familiar y la educación. Vivimos con la sensación creciente de que las cosas están llegando a su fin, y que de alguna manera están desapareciendo la libertad, la justicia y el orden. Los escándalos y los fraudes son hechos comunes, a medida que hombres y mujeres sustituyen el carácter por dinero, y sacrifican el compromiso en el altar del egoísmo. El divorcio, las drogas y las relaciones sexuales libertinas crean un ambiente de violencia para muchos jóvenes. Vivimos al borde del caos. Estamos a punto de entrar en una nueva era de oscurantismo.[1]

¿Son estas las palabras de un alarmista? ¿Trata de atemorizarnos? Probablemente no. Vivir en este mundo, saturado de maldad, hace que algunos creyentes se sientan como pececillos sangrantes que luchan por sobrevivir en un acuario lleno de pirañas. Algunos sienten que están a punto de ser "comidos". Con el número creciente de informes que hacen hincapié en el lado oscuro de la espiritualidad, es fácil temer que nos arrastre el mal que hay alrededor de nosotros.

Pero, la buena noticia es que Dios no ha abandonado ni olvidado a su pueblo.

Teniendo en mente esta realidad, debemos comprender la siguiente verdad: Dios hace posible que establezcamos una relación espiritual con El. También hace posible que experimentemos y disfrutemos de una relación espiritual continua y creciente —una relación victoriosa que sigue progresando.

En los inicios de su ministerio terrenal, Jesús se enfrentó a Satanás. La Escritura registra el incidente de la siguiente manera:

Jesús, lleno del Espíritu Santo, volvió del Jordán y fue llevado por el Espíritu al desierto por cuarenta días, y era tentado por el diablo. No comió nada en aquellos días, pasados los cuales tuvo hambre.

Entonces el diablo le dijo: Si eres Hijo de Dios, di a esta piedra que se convierta en pan.

Jesús, respondiéndole, dijo: Escrito está: "No solo de pan vivirá el hombre, sino de toda palabra de Dios".

Luego lo llevó el diablo a un alto monte y le mostró en un momento todos los reinos de la tierra. Le dijo el diablo: A ti te daré todo el poder de estos reinos y la gloria de ellos, porque a mí me ha sido entregada y a quien quiero la doy. Si tú, postrado, me adoras, todos serán tuyos.

Respondiendo Jesús, le dijo: Vete de mí, Satanás, porque escrito está: "Al Señor tu Dios adorarás y solo a él servirás".

Entonces lo llevó a Jerusalén, lo puso sobre el pináculo del Templo y le dijo: Si eres Hijo de Dios, tírate de aquí abajo, pues escrito está: "A sus ángeles mandará acerca de ti, que te guarden", y "En las manos te sostendrán, para que no tropieces con tu pie en piedra".

Respondiendo Jesús, le dijo: Dicho está: "No tentarás al Señor tu Dios".

Cuando acabó toda tentación el diablo, se apartó de él por un tiempo.

Jesús volvió en el poder del Espíritu a Galilea, y se difundió su fama por toda la tierra de alrededor (Lucas 4:1-14).

En este pasaje resaltan tres factores:

- Guiado por el Espíritu Santo, Jesús se dirigió al desierto, un lugar solitario, amenazante y a menudo aterrador, separado de toda ayuda y apoyo humano.
- Allí vivió 40 días de seducción satánica. Jesús enfrentó la tentación de actuar sin depender fielmente de Dios, de escoger un camino diferente al que El deseaba.
- Al final de la batalla, Jesús, viviendo aún en el poder del Espíritu, terminó victorioso. No había pecado, no había sucumbido ante el desafío del mal.

Jesús, con el poder del Espíritu, no sólo enfrentó las fuerzas del mal sino que las venció. La batalla espiritual no es una lucha pareja entre dos contrincantes iguales —Dios y Satanás— para determinar quién se quedará con el alma del cristiano. El resultado de la guerra ya se conoce. El Dios y Padre de nuestro Señor Jesucristo reina supremo para siempre. Todas las fuerzas del mal están derrotadas, incluyendo a Satanás.

Jesucristo resistió los intentos de Satanás para desviarlo de la voluntad del Padre. Hay una noticia maravillosa para los que seguimos a Cristo: La misma fuente de fuerza y poder internos que fortalecieron a Jesús entonces, está a nuestra disposición ahora. Cuando vivimos con el poder del Espíritu, el mal no tiene que triunfar. Nosotros podemos vencerlo.

"Ciertamente, yo enviaré la promesa de mi Padre sobre vosotros; pero quedaos vosotros en la ciudad de Jerusalén hasta que seáis investidos de poder desde lo alto" (Lucas 24:49). El Espíritu Santo da poder a los creyentes para que experimenten la victoria y sigan adelante con Dios en compañerismo espiritual. En la vida y en las palabras de Jesús descubrimos cómo podemos establecer y disfrutar la comunión con Dios. Esta comunión espiritual nos ayuda a triunfar sobre la epidemia de maldad que nos rodea.

Exploremos juntos el poder del Espíritu Santo que podemos experimentar.

La comunión espiritual

Cuando acudimos a Cristo, el Espíritu Santo nos da vida, haciendo posible que tengamos comunión espiritual con Dios.

La Escritura dice claramente cuál era nuestra condición espiritual antes que el Espíritu Santo nos diera vida. En su carta a los cristianos de Efeso, Pablo escribe acerca de la muerte espiritual en que se encontraban antes que Cristo entrara a sus corazones:

> *El os dio vida a vosotros, cuando estabais muertos en vuestros delitos y pecados, en los cuales anduvisteis en otro tiempo, siguiendo la corriente de este mundo, conforme al príncipe de la potestad del aire, el espíritu que ahora opera en los hijos de desobediencia. Entre ellos vivíamos también todos nosotros en otro*

tiempo, andando en los deseos de nuestra carne, haciendo la voluntad de la carne y de los pensamientos; y éramos por naturaleza hijos de ira, lo mismo que los demás... En aquel tiempo estabais sin Cristo, alejados de la ciudadanía de Israel y ajenos a los pactos de la promesa, sin esperanza y sin Dios en el mundo (Efesios 2:1-3, 12).

Estas declaraciones bíblicas, que describen nuestra condición espiritual cuando estábamos sin Cristo, deben quedar grabadas en nuestra mente:

- "muertos en vuestros delitos y pecados"
- "andando en los deseos de nuestra carne"
- "haciendo la voluntad de la carne y de los pensamientos"
- "hijos de ira"
- "sin Cristo"
- "sin esperanza y sin Dios en el mundo"
- "estabais lejos"

Este es un cuadro oscuro y desesperado del corazón humano. Sin embargo, por medio del Espíritu Santo, Dios empieza a trabajar en nosotros aun cuando nos encontramos en ese terrible estado de perdición, incluso antes que nos acerquemos a Cristo. El Espíritu Santo nos ayuda a ver nuestra condición: la falta de vida espiritual. El despierta en nosotros el deseo de una experiencia nueva y viva con Dios. Provoca en nuestro ser un hambre interna por tener comunión con Dios. Nos invita a ver nuestro pecado como lo que es: muerte y rebelión espiritual; y a que, en arrepentimiento, nos alejemos de la vida pecaminosa.

El nuevo nacimiento

Antes que Cristo viniera a nuestro corazón, estábamos muertos en nuestros pecados y en ruina espiritual. No había vida espiritual en nosotros. Pero, la Biblia declara lo que uno llega a ser cuando el Espíritu Santo le da vida nueva. Al hablar del nuevo nacimiento que el Espíritu Santo hace posible, la Escritura describe un alma que es totalmente transformada. Cuando el Espíritu Santo nos transforma, nuestra naturaleza moral es revivida, y recibimos la capacidad para tener fe en Dios, para confiar en El, para amarlo y para hacer lo que El nos manda. Estas nuevas cualidades son el resultado de la regeneración que el Espíritu Santo obra en nosotros al darnos vida espiritual.

Me gusta la descripción que un teólogo hace de esta transformación. Cuando ocurre la regeneración, "la persona llega a ser 'nueva criatura' en Cristo (2 Corintios 5:17). El [o ella] ha experimentado una reorientación radical de su ser, un cambio completo de sus valores, de modo que ahora aborrece lo que antes amaba, y viceversa. La nueva vida en la regeneración implica morir al antiguo estilo de vida y adoptar uno nuevo. Tal transformación de nuestro sistema de valores es posible sólo mediante el poder del Espíritu Santo que nos capacita".[2]

Cuando nos arrepentimos de nuestros pecados, en un instante el Espíritu Santo nos transforma, haciendo posible que seamos lo que nunca habríamos llegado a ser por nuestro propio esfuerzo y trabajo.

Hay una historia que nos ayuda a comprender lo que hace el Espíritu Santo en nuestro corazón. Un vendedor de bienes raíces le mostraba al comprador un viejo depósito que había estado desocupado por meses. El tiempo y el clima habían dejado sus marcas. Los vándalos habían arruinado las puertas y habían roto las ventanas. Se veía basura por todas partes. El lugar necesitaba reparaciones mayores.

Pero, el comprador dijo: "No pienso repararlo. Cuando compre este lugar, edificaré algo completamente diferente. No quiero lo que está construido, sino el terreno".[3]

Cuando nosotros mismos queremos cambiar nuestra vida, lo que hacemos es "parchar y reparar". Es lo máximo que podemos hacer. Estos cambios, hechos por esfuerzo propio, son como poner pequeñas vendas sobre una herida sangrante y mortal. Sin embargo, cuando nos arrepentimos de nuestros pecados y acudimos a Jesús para recibir la salvación, el Espíritu Santo viene a nuestro corazón, diciendo: "No estoy aquí para poner parches en la triste condición interior de tu ser. He venido para darte un nuevo corazón y vida espiritual ante Dios". "De modo que si alguno está en

Cristo, nueva criatura es: las cosas viejas pasaron; todas son hechas nuevas" (2 Corintios 5:17).

Juan Wesley afirmó que el nuevo nacimiento es la "gran transformación que Dios obra en el alma cuando El le da vida; cuando la resucita de la muerte del pecado a la vida de justicia".[4]

Cuando acudimos a Cristo, el Espíritu Santo nos da vida espiritual, haciendo posible que tengamos comunión con Dios. Pero, ¡eso no es todo! Una vez que experimentamos esta transformación radical, Dios quiere ayudarnos aún más.

La santidad de corazón

Cuando experimentamos la bendición de la santidad de corazón, el Espíritu Santo hace más profunda nuestra comunión con Dios. Esa bendición recibe diversos nombres: entera santificación, segunda bendición, segunda obra de gracia, pureza de corazón, bautismo con el Espíritu Santo, amor perfecto, y otros.

¿Qué ocurre cuando Dios nos hace santos (santifica) por completo? Una parábola moderna tal vez nos ayude a comprender lo que sucede cuando somos santificados.

Un automóvil, que había recorrido ya muchos kilómetros, necesitaba el cambio de aceite. El mecánico se preparó para verter el aceite nuevo en el cárter. Pero, antes tenía que quitar el aceite viejo y sucio. No podía llenar el cárter sino hasta que fuera vaciado. Cuando el depósito quedó libre del aceite viejo, recién pudo verter el nuevo aceite, fresco y limpio.

Esta sencilla ilustración muestra un proceso de dos pasos —limpiar y llenar— que ocurre en el corazón cuando el Espíritu Santo nos santifica. Antes de llenarnos, tiene que hacer un trabajo de limpieza. Así como el aceite viejo debía ser removido, también nuestros corazones tienen que ser purificados: vaciados del egoísmo, del afán de hacer nuestra voluntad, de la búsqueda de gloria personal. Mientras no seamos vaciados de la tendencia al pecado que nos contamina, el Espíritu Santo no puede llenarnos.

¿Cómo buscan los creyentes la experiencia de la entera santificación? Juan Wesley señala tres factores que preparan el corazón para lo que Dios desea hacer en nosotros.

Debemos arrepentirnos. Este arrepentimiento es diferente al que ocurre cuando somos salvados. El arrepentimiento que lleva a la purificación de corazón incluye admitir que, aunque nuestros pecados han sido perdonados y somos hijos de Dios, aún existe en nosotros la tendencia a hacer nuestra voluntad en vez de la voluntad de Dios.

Debemos morir a nosotros mismos. Este paso consiste en renunciar a todo derecho que creemos tener para controlar nuestra vida, y darle a Dios el control total. A El le entregamos las llaves del cuarto de control de nuestro corazón.

Debemos tener fe. Esta fe es confianza en las promesas de Dios de que puede librarnos del pecado y hacernos santos por completo.[5] Estas promesas abundan en la Escritura.

> *Lo que era imposible para la Ley, por cuanto era débil por la carne, Dios, enviando a su Hijo en semejanza de carne de pecado, y a causa del pecado, condenó al pecado en la carne, para que la justicia de la Ley se cumpliera en nosotros, que no andamos conforme a la carne, sino conforme al Espíritu* (Romanos 8:3-4).
>
> *Esparciré sobre vosotros agua limpia y seréis purificados de todas vuestras impurezas, y de todos vuestros ídolos os limpiaré. Os daré un corazón nuevo y pondré un espíritu nuevo dentro de vosotros. Quitaré de vosotros el corazón de piedra y os daré un corazón de carne. Pondré dentro de vosotros mi espíritu, y haré que andéis en mis estatutos y que guardéis mis preceptos y los pongáis por obra* (Ezequiel 36:25-27).
>
> *Así que, amados, puesto que tenemos tales promesas, limpiémonos de toda contaminación de carne y de espíritu, perfeccionando la santidad en el temor de Dios* (2 Corintios 7:1).

A disposición de todos los creyentes

Dios desea que todos los creyentes tengan esta experiencia. Un joven de 14 años de edad —que había conocido a Cristo por cinco años— se encontraba en un culto nocturno del campamento juvenil de verano. El evangelista predicó y Dios tocó el corazón del joven. Cuando se hizo la invitación, él pasó al frente para rendirse totalmente a Dios. El no conocía la terminología en cuanto a la santidad. Su comprensión de la teología era limitada. Sabía que Cristo era su Salvador, y quería todo lo que Dios tuviera para él. Cuando oró, Dios respondió transformando el corazón del muchacho por medio de la renovación de su mente (Romanos 12:2). Eso ocurrió hace unos 30 años, cuando el Señor me santificó.

Cuando reconocemos que nuestro corazón está contaminado, y le confesamos humildemente a Dios que necesitamos que nos purifique, creyendo que El nos santificará, entonces el Espíritu Santo puede venir a nuestra vida y llenarnos con su santo amor. Al hacerlo, El nos hace cada vez más semejantes a nuestro Señor Jesucristo. La semejanza a Cristo es el resultado de un corazón que ha sido santificado.

Un caminar continuo

A medida que seguimos caminando con Dios en amorosa obediencia, el Espíritu Santo hace que sea mayor nuestra comunión espiritual.

El relato acerca de la tentación de Jesús concluye con un fascinante versículo. Después que Satanás había hecho todo lo posible para inducir a Jesús a pecar, y sin tener éxito, la Escritura declara: "Cuando acabó toda tentación el diablo, se apartó de él por un tiempo" (Lucas 4:13).

¿Notó las últimas palabras? "Por un tiempo". Satanás había fallado por el momento, pero sus intentos para hacer que Jesús cayera no habían concluido. Realmente la amenaza de Satanás fue: "Me iré ahora, pero volveré".

Si durante toda su vida Jesús enfrentó las continuas tentaciones de Satanás, sabemos que también a nosotros nos tentará continuamente. En esta vida nunca hay un estado de gracia en el que no existan tentaciones.

Sin embargo, más importante aún es comprender que, en la vida cristiana, no hay una época cuando nuestra comunión estrecha con Dios *debe* enfriarse, aunque a veces ocurra por diferentes razones. Nuestra relación con El puede ser cada vez mejor.

Al hablar de este continuo crecimiento, la Biblia lo hace en términos de nuestra renovación en la imagen de Dios. "Por tanto, nosotros todos, mirando con el rostro descubierto y reflejando como en un espejo la gloria del Señor, somos transformados de gloria en gloria en su misma imagen, por la acción del Espíritu del Señor" (2 Corintios 3:18).

Al vivir en obediencia y amor a Dios, cada vez somos más semejantes a nuestro Señor: más y más como Dios. A medida que vivimos con el poder del Espíritu Santo, Cristo es formado en nosotros. Tal como el Espíritu Santo dio poder a Jesús para vivir victoriosamente sobre el mal que lo rodeaba, ese mismo poder puede ayudarnos a vivir triunfantes hoy.

Un pensamiento final

Sin duda, para muchas personas en el mundo, ahora la "espiritualidad" puede significar cualquier cosa. Pero, la verdadera espiritualidad se encuentra en Cristo Jesús. Para los que conocemos a Cristo como nuestro Señor, la obra del Espíritu Santo en nosotros es de importancia suprema. Experimentamos y disfrutamos la verdadera espiritualidad cuando el Espíritu Santo nos dirige para seguir adelante en la relación con Dios en Cristo Jesús.

---

1. Charles Colson, *Against the Night* (Ann Arbor, MI: Vine Books, 1991), sobrecubierta.
2. H. Ray Dunning, *Grace, Faith, and Holiness* (Kansas City: Beacon Hill Press of Kansas City, 1988), p. 449.
3. Jan L. Wilson, "New Creation", *Leadership*, verano de 1983, p. 95.
4. Dunning, *Ibid.*, p. 451.
5. *Ibid.*, pp. 466-467.

Pasajes bíblicos: Lucas 4:1-14; 24:49; Efesios 2:1-3, 12-13; 2 Corintios 3:18; 5:17; 7:1; Romanos 8:3-4; 12:2; Ezequiel 36:25-27.

El Dr. Randy Hodges es el pastor de la Primera Iglesia del Nazareno en San Antonio, Texas, E.U.A.

www.ingramcontent.com/pod-product-compliance
Lightning Source LLC
LaVergne TN
LVHW011712230826
846091LV00015BA/4130